刑事手続きと通訳

その日本語、
通訳を介して伝わりますか？

水野真木子

くろしお出版

はじめに

　日本では、司法制度改革の一環として 2009 年に裁判員制度が導入された。裁判員裁判ではこれまでの書証主義から口頭主義へ、そして法曹主義から市民主義へと重心がシフトし、一般人である裁判員が公判廷で語られる内容に基づいて判断を下すという新たな状況が生まれた。これをきっかけに、法廷での言語使用に関する関心が一層高まってきた。法律知識のない一般人にも理解しやすいように、これまで使われてきた法廷特有の言語表現が見直され平易化されてきたし、法律家も、一般人にアピールしやすい話し方をするよう心がけるようになった。そのような状況を背景に、日本語を解さない外国人の被告人や証人が関わる刑事手続きでの通訳の問題にも、これまで以上に光が当てられるようになった。

　通訳を介した司法手続きにおいても公正さが担保されるよう、通訳人の任用方法やその運用の仕方を含めた制度的側面を中心に、通訳の質の担保という課題について、それまでも多くの法律家や研究者が問題点の指摘や各種の提言を行ってきた。しかし、通訳を介したコミュニケーションの難しさという言語使用そのものに対する認識が高まり、どのようにすればスムーズで正確な意思伝達ができるのかという問題に法律家が注意を向け始めたのは、やはり裁判員制度導入に負うところが大きい。その中には、裁判員裁判の公判が長時間にわたることから、通訳人の疲労を考慮した複数体制の導入や、その際の通訳人同士の交代の仕方なども含め、どのような運用を行ったら通訳の正確性が保証されるかという問題も含まれている。そして、制度の整備という問題を超えた、言語そのもの、つまり通訳者の訳し方の及ぼす影響というような問題にも多くの通訳実務家、通訳研究者、言語学者の注目が集まっており、研究における法律家とのコラボも進んでいる。

　司法通訳の言語分析研究は、1990 年代以来、欧米やオーストラリアの研究者を中心に盛んに行われてきた（Berk-Seligson 1990, 1999; Hale 2004, 2010; Lee 2011 etc.）。日本でも裁判員制度導入を契機に、法廷通訳人の訳

し方が裁判員の心証形成にどのような影響を及ぼすかという点を中心に、いくつかの研究成果が出ている（中村・水野 2009, 2010; 中村 2012; Nakamura and Mizuno 2013; Mizuno et al. 2013 etc.）。

　これまで日本では、法廷で外国語を話す証人や被告人の証言とその日本語訳に焦点を当てた研究が多かったが、本書のテーマはそれとは異なり、刑事手続きで使用される日本語の外国語への通訳に焦点を当てている。一般的に、司法判断を下す裁判官も裁判員も日本人なのだから、外国語から日本語への通訳が問題になるはずで、日本語から外国語への通訳は重要ではないという考え方があるが、現実には、日本語から外国語への訳出が大きな意味を持つ場面がたくさんある。例えば、日本人の証人への尋問の場面では、外国人被告人に対し証言を外国語へと通訳しなければならないし、2008 年から発足した公判への被害者参加制度により、外国人の被害者やその関係者が裁判に参加する場合、法廷で起こっていることをすべて外国語に通訳しなければならない。後者の例として、世間の注目を集めた事件「市川市福栄における英国人女性殺人・死体遺棄事件」で被害者の両親が裁判に参加したケース（2011 年 7 月）が挙げられる。また、外国人の被告人や証人に対し、日本人の検察官や弁護人が質問する場合も、それを適切に訳せなければ、被告人や証人はその質問に対して適切に答えることができない。そういう意味で、日本語から外国語への通訳は裁判において非常に重要なのである。

　また、公正な司法のためには、取り調べ段階での正確な通訳を担保しなければならないことは言うまでもない。特に、書証主義を取る従来型の裁判の場合、警察や検察で聴取された調書の内容が判断の中心になることを考えると、取り調べ時の通訳の重要性は、法廷通訳の重要性に匹敵する。さらに、公正な司法手続きのために被告人は防御権を十分行使できなければならない。それには弁護人接見での情報聴取が重要になる。接見時の通訳を介した会話の成否がこれに大きく影響する。このように、要通訳刑事手続きのどの段階においても、正確な情報を引き出すためにどのような言語使用が望ましいかを探ることは、非常に重要な課題である。

　著者は法律実務家や現役通訳者、通訳研究者の協力を得て、インタ

ビューやディスカッション、アンケート調査を通し、通訳を介した法廷での質問・尋問、警察の取り調べ、弁護士の接見時における問題点を言語使用の観点から分析した。また、司法面接にも研究の範囲を広げ、特に司法の現場での典型的な弱者になりうる子どもを対象とした司法面接の通訳に関わる問題も調査、分析した。それらの分析結果を踏まえ、実際の現場で法律家と通訳者が注目すべき言語使用上の注意点について本書第1部にまとめた。日本語−英語間の通訳を中心に取り上げているが、公判の通訳に関わる部分は、英語、中国語、スペイン語の通訳者の協力を得て分析を行ったため、英語だけでなく中国語とスペイン語の問題についても触れている。

　本書の第2部では、法廷での日本語証言の場面を取り上げ、質問者である法律家と証人や被告人双方によってよく使用されるが通訳するのが難しい表現を選び、英語の参考訳とともに解説する。さらに、訳すのが難しい日本語の法律用語についても、用語解説と英語の参考訳を提供している。通訳を必要とする司法手続きの各現場で、日本語を解さない被告人や証人、被疑者、そして被面接者とコミュニケーションする際に、本書が法律家や通訳人にとって、少しでも役に立てば幸いである。

　なお、本書のもとになった研究データは3つの科研費プロジェクトによって得られたものである。それぞれのプロジェクトにおいて、共同研究者はもとより、内容の監修をしてくださった方、情報収集に当たりご協力くださった方など、非常に多くの方から多大なるご支援をいただいた。詳細は巻末で紹介させていただくとともに、心よりの感謝の気持ちを述べたい。

　また、くろしお出版の池上達昭様は、本書刊行の意図をご理解くださり、企画から出版に至るまで大変お世話になった。そのご尽力に深く感謝する。

　最後に、本書は金城学院大学父母会特別研究助成費による支援をいただいた。ここに特別の感謝の意を表したい。

目　次

第 2 部　日本語の用語・表現と英語対訳

第 1 部

実際の現場での言語使用と通訳

第1章
司法手続きの各段階における法律家の質問

1. 証拠収集手段としての質問

　本書では主に刑事手続きを取り上げ、刑事手続きの各段階での質問とその答えのやり取りを中心に解説する。

　手続きの各段階で行われる質問の目的は正確な情報を収集することである。捜査段階では警察や検察が被疑者や参考人に事件等に関する状況を供述させ、供述調書にまとめて裁判の証拠として提出する。弁護人は被告人と接見して、状況を把握するとともに弁護に必要な情報を聞き出す。司法面接では被害者等に質問し、その内容を供述証拠とする。公判段階、特に裁判員裁判の場合は、そこで話された内容が主要な証拠となるので、検察官や弁護人による尋問や質問の場面は非常に重要である。

　このように重要な情報収集に当たっては、それぞれの段階での質問者にとって、いかにして正確な情報を効率的に引き出すかが最大の関心事となるため、それぞれが様々な工夫を凝らし、一種の「戦術」とも言える質問の形が出来上がる。これに通訳がついた場合、文章構造や文化背景の異なる2言語間では通常100パーセントそのままに訳すことは不可能なため、質問方式や言い回しのニュアンスが変わってしまい、期待された答えが返ってこないことがある。また、使用する言葉や言い回しによって被質問者が受ける影響のことも考慮しなければならない。例えば、「誤情報効果」という概念があるが、目撃証人に対して、目撃した出来事の後に誤誘導するような事後の暗示を行うと、目撃者の記憶を汚染してしまう可能性が非常に高い（リドリー 2019: 24）とされる。証人に対する質問が何らかの誘導性を持っている場合、そのような暗示として働くかもしれない。そして、通訳を介してのやり取りになると、通訳者が使用する表現が質問者自身は意図していない誘導性を帯びてしまう可能性もある。

刑事手続きの段階のどれを取っても、通訳の訳し方の影響というものを無視することはできない。

2. 手続きの各段階での質問の目的と通訳

2.1 公判

主尋問と反対尋問

　法廷での証人尋問は次の順序で行われる。まず、証人尋問を請求した者が「主尋問」を行う。主尋問は立証すべき事項およびそれに関連する事項について行う。次いで、相手方が反対尋問を行う。反対尋問は主尋問での証人の供述が真実であるかどうか、あるいは信用すべきものかどうかを反対の立場から吟味することを目的とする。その後、証人尋問を請求した側が「再主尋問」を行う。主尋問の内容が反対尋問によって揺らいだと考えた場合などに、証人の供述の証明力を回復しようという意図で行われることが多い。そのあとの尋問には裁判長の許可を得なければならない。最後に、裁判官や裁判員が補充尋問を行う（山室 2006: 40-41）。

　「主尋問」の目的は、証人の口から事件について自由に答えさせることにより、尋問している側の主張に説得力を持たせ、自分の主張を効果的に法廷に提示することを目的としている（渡辺他 2010: 186）。つまり、主尋問の主役は証人である。法律家はオープン・クエスチョンを中心に証人に自由に語らせる。決して誘導してはいけない。したがって、オープン・クエスチョンの場合、自由に語らせるために質問が漠然としたり多義的になったりする。日本語を解さない証人には通訳人がつくが、通訳を通すと質問がその通りのニュアンスにならなかったり、意味が狭まったりすることもある。通訳人の訳し方次第では、質問が誘導的になって、主尋問としてはふさわしくないものになることもある。

　反対尋問の目的は、主尋問での説明に異を唱え、その主張の信用性を低めることであり、法廷の中で自分たちの主張にこそ信ぴょう性があると印象付けることである（渡辺他 2010: 186）。反対尋問の主役は質問者である法律家で、証人を非難したり攻撃したりする。質問形式は証言者にとって答えの選択が「はい」「いいえ」に限られるクローズド・クエスチョンが

中心になり、誘導質問が許される。日本弁護士連合会（2013: 135）は、尋問者は証人を完全にコントロールしなければならないし、問いにすべて「はい」と答えさせるために尋ねていることを事実認定者にわからせるのが反対尋問であり、原則として誘導尋問しかしてはいけないとも述べている。質問者が証言者に考える暇を与えず畳みかけるように質問を繰り出すという戦術を取っても、通訳人を介すると、それがうまくいかないこともあるし、他にも様々な問題が生じることがある。

裁判員裁判

　裁判員制度は 2009 年に司法改革の一環として導入された。これは法律で定められた一番重い刑罰が死刑か無期懲役になりうる事件について、選挙人名簿から無作為に選ばれた市民が裁判官と一緒に被告人の有罪無罪そして量刑まで決めていく制度である。従来型裁判の書証中心主義とは異なり、裁判員裁判では口頭主義が徹底しており、そこで行われることばのやり取りが裁判員の判断に影響を及ぼす。職業裁判官に比べ、証人や被告人、そして検察官や弁護人の話し方が、一般人である裁判員の心象に、より大きな影響を及ぼすという（堀田 2009）。

　また、証人や被告人が日本語を解さない場合通訳がつけられるが、通訳人が正確に訳せるかどうかという基本的な問題に加え、通訳人の話し方のスタイルによっても、原発言者に対する裁判員の評価が異なることが、模擬裁判員を使った実験を通して明らかになっている。例えば、同じ外国語の発言を丁寧に訳した場合とぶっきらぼうに訳した場合、そして言い淀みの多い話し方で訳した場合を比較すると、丁寧なバージョンが、話し手である模擬被告人の知性や信頼性に対する模擬裁判員の評価が一番高くなる、などの差が見られた（中村・水野 2010）。

2.2　取り調べ

　事件が発生した場合、その被疑者や目撃者などの参考人は、捜査機関による取り調べを受けることになる。取り調べとは、警察官や検察官が被疑者や参考人に対して問いを発し、これへの応答である供述を得て、その内

容を供述調書という書面に記録することをいう。これは後の裁判における証拠として利用されるので、取り調べは警察や検察の捜査活動の非常に重要な部分である。

　事件の内容にもよるが、ほとんどの事件では警察の捜査が先行して証拠物が収集され、参考人や被疑者の取り調べによって供述調書が作成される。検察官は警察から送られた証拠物と供述調書を、被疑者の有罪を証明するために十分かどうかチェックし、足りない場合はさらなる証拠物の捜査を警察に求めると共に、自らも参考人や被疑者の取り調べを実施して供述調書を作成する。このように警察、検察の捜査によって集められた証拠資料に基づき、検察官が被疑者を起訴して刑事裁判にかけるか否かを決める。

　取り調べで重要なことは、供述証拠が公判で覆ることのないようにするために、誘導や強制がない、正確で信頼性のある内容のものにすることである。取り調べに通訳が介在する場合、そこでの質問が意図通りに伝わるように正確に訳すとともに、不適切な訳によって応答が間違った方向に流れ、不正確な供述に基づく不当な起訴（あるいは不起訴）につながるような事態にならないように注意する必要がある。

3. 弁護人接見

　日弁連のウェブサイトでは「接見交通権」について以下のように解説している。

　　刑事訴訟法 39 条 1 項は、弁護人依頼権を保障した憲法 34 条を受けて、被疑者・被告人に弁護人とだけは自由な接見（面会）ができることを保障しています。これを弁護人と被疑者・被告人との接見交通権といいます。弁護人との接見では、立会人も付かず秘密が保障されるために、安心して相談できますので、無罪・真実について主張したり、不当・違法な警察署の取扱いについて訴えたり、家族や会社等への連絡を頼んだりすることができます。弁護人にとって、被疑者の話を聞いて、取り調べに対する適切な指示をしたり、取り調べの威圧的な雰囲気に屈して嘘の自白をしないように励ましたり、被疑者に有利

な証拠を集めるなど、その職責を果たすために自由で秘密裡の接見は不可欠です。(https://www.nichibenren.or.jp/activity/criminal/keijiben-go/sekken.html)

このように、弁護人接見は、弁護人が被疑者や被告人から直接話を聞いて状況を把握し、法的な助言を行うことのできる大事な機会である。弁護人が公判で効果的に争うためには、状況を細部まで正確に把握することが非常に重要であることは言うまでもなく、被疑者や被告人から正確な内容を引き出すためには、接見時に質問の趣旨がうまく伝わるようにしなければならない。通訳が介在することで、質問が適切な形で伝わらない可能性もあり、注意する必要がある。

4.　司法面接

「司法面接」とは、「法的な判断のために使用することのできる精度の高い情報を被面接者の心理的負担に配慮しつつ得るための面接法」(仲 2016: 2) である。司法面接も、対象が日本語を解さない場合、通訳をつけて行うことになる。そこで生じる問題は、法廷での質問・尋問、警察や検察での取り調べ、弁護人接見と共通するものが多いが、近年増えている子どもを対象とする司法面接では、問題はより複雑である。特に虐待の被害者である子どもが司法手続きに関わる時に最大の弱者となる (Eades 2010: 84) ので、面接の際に様々な配慮が必要である。

子どもが目撃者、被害者となった場合、その証言の信用性が疑問視されるケースが多い。最新心理学事典 (https://kotobank.jp/word/ 司法面接 -883307) は、子どもを対象とする面接について以下のように解説している。「子どもが目撃者，被害者となった事例では，その証言能力は認められながら，証言の信用性が否定される事例が少なくない。注意，記憶，コミュニケーションなど，子どもの認知能力の問題もあるが，周囲のおとなによる誘導や圧力，面接の繰り返しにより，記憶の変容が生じたり，供述が曖昧なものとなったり，変遷したりすることが，問題として指摘されている。」

また、子どもの司法面接が通訳を介して行われる場合、大人の場合以上に、通訳による誘導や暗示に注意しなければならない。特に、極度に親和的な面接者も子どもの迎合性を高め、誘導する可能性があるとされている（仲 2010b: 2）。また、子どもの面接では自発的な発話こそが面接の心髄であり、面接官は質問者ではなく、ファシリテーター役に徹することが重要（英国内務省・英国保健省 2007: 33）ともされる。こうした子どもの司法面接の性質上、通訳者が子どもに同情して寄り添う姿勢を見せたり、話しやすいようにファシリテーター的な役割を担ったりする場合も、誘導、暗示につながるかもしれないという問題がある。

　子どもの司法面接を、正確な情報をより多く引き出すことと、子どもへの精神的負担を最小限にすることを両立させる形で行うために、いくつかのガイドラインが作られているが、以下、アメリカの国立小児保健・人間発達研究所（NICHD）で開発された NICHD プロトコールを紹介する。日本でもこのプロトコールに沿って司法面接を行うことができるよう、日本語翻訳版が作成されている（The National Institute of Child Health and Human Development、仲 2016: 221–238、司法面接支援室　司法面接研究所　NICHD ガイドライン〔2007 年版〕日本語版、仲 2010a）。

・導入（あいさつなど）
・グラウンドルール（本当のことを言う練習）
・ラポール（話しやすい雰囲気作り）
・出来事を思い出す練習（1 日の出来事など、エピソード記憶の練習）
・自由報告（本題への移行：何を話しにここに来たか）
・出来事の分割（収集したい情報、明らかにすべき事柄を考え、特定の出来事に関する情報を得る。自由報告だけでは十分な情報が得られなかった場合、以下の質問形式に移る）
　オープン質問
【ブレイク】（モニター室にいるバックスタッフと問題点等を話し合い、ブレイク後の面接の方針を決めたりする）
　WH 質問

　　クローズド質問

　　確認質問（最終的に何を確認するか：被疑者の名前と疑われる行為
　　　　が明らかになるような内容）

・クロージング（子どもに感謝。子どもからの質問を受ける）

・終了

第**2**章
公判での質問・尋問と通訳の問題

　この章では、裁判での検察官や弁護人による証人尋問や被告人質問の際、通訳を介することによって問題が生じる可能性の高い言語表現について、項目ごとに解説する。英語、スペイン語、中国語のケースについて述べるが、それぞれの言語について、司法通訳の経験が長く、言語学的知識も豊富な専門家の意見に基づいて解説する。さらに、実際の現場に関わっている法律家の見解も参考にしている。

1. 主尋問でよく使用される言語表現

　主尋問は、前述したように、その証人を請求した側の当事者が、まず最初に証人から事情を聞く手続きである。刑事訴訟規則 199 条の 3 節 3 項は、「主尋問においては誘導尋問をしてはならない」と規定している。主尋問では誘導にならないように、5W1H の形で質問するか、「…について教えてください」のようなオープン・クエスチョンを用いる。このような前提により、主尋問時の質問者の言語表現が決まる。

1.1　曖昧な質問

　主尋問では誘導禁止なので、「はい」「いいえ」で答えられる質問は避けるのが原則である。5W1H の質問やオープン・クエスチョンで証人に語らせることを目的とし、質問者自身はなるべく具体的内容に触れないようにするため、内容がある程度曖昧になってしまうのは避けられない。以下は、典型的な質問の流れであるが、各所に様々な曖昧な表現が含まれている。

> **例**
> 事件の前、被告人 A が B 子の経営する居酒屋で飲酒し、不機嫌な様

子で店を出て行ったという場面について、証人としての B 子への尋問をする場面。

質問：あなたのお店には、事件の日の夜、<u>どういうお客さんがきました</u>か。

答：常連のお客さんが 3 名来ましたが、その中に A さんもいました。

質問：A さんがお店に来てから、お店の中で、<u>何かありましたか</u>。

答：A さんがとても不機嫌になり、突然、他のお客さんと言い争いを始めました。

質問：A さんは、ずいぶん機嫌が悪かった、ということですね。<u>それに気づいたきっかけを教えてください。</u>

答：A さんが、突然隣のお客さんに悪態をつき始めたのです。「おまえらに何がわかるんだ！」とか、怒鳴り散らしていました。

質問：<u>それで、どうしたのですか。</u>

答：さすがに他のお客様に迷惑なので、A さんに、もうお酒は控えるように促しました。

質問：<u>そのあと、どうなりましたか。</u>

答：A さんは、しばらくぶつぶつと文句を言っていたのですが、しばらくして、帰っていきました。

質問：ほかに、<u>何か変わったこと</u>はありませんでしたか。

答：あ、A さんが、お店の中で、電話で誰かと話していました。その電話を切った後、すごく不機嫌になりました。

質問：電話の最中の A さんの<u>様子はどうでしたか</u>。

答：初めは静かに話していたのですが、急に、怒り出して。「おまえら若い奴らは、年寄りを敬うってことを知らんのか」とか、言っていたと思います。

通訳の問題

　上記の例で下線が引いてある箇所の表現は多義的で、様々な解釈が可能である。主尋問の場合、証人はたいてい前もって質問者と打ち合わせをしているので何をどのように答えたらいいのかわかる。しかし、証人が日本

語を解さない外国人の場合、通訳人をつけるわけであるが、質問内容に対する通訳人自身の解釈の幅が大きくなる可能性が高いことから、質問の主旨が誤って伝わることがある。

　以下、上記の例にあるような典型的な表現を挙げ、通訳上の問題点と実際の訳出傾向や対処法などについて述べる。

■「どういうお客さんがきましたか」
　これは、事件の重要関係者の登場について、質問者自らが語ることができないため、証人に語らせようとする時の質問である。どんな種類の（例えば客層、年齢、服装、男、女、大人、子どもの別など）人が来たかを説明してほしいわけであるが、通訳をつけた場合、この「どういう」という漠然とした表現をどう解釈し、どう訳すかという問題が出てくる。

英語の場合
　筆者は、大学や大学院の通訳コースで学ぶ学生 37 名を被験者にした通訳実験（日本語－英語）を行ったが、上記の表現については、"what kind of..."（どんな種類の…）という質問の意図を反映した訳出パターンの回答が 17 名で、全体の 46 ％だった。"Who came?"（誰が来たか）と人物の特定を求める形で訳した被験者が 7 名（19 ％）もおり、さらに人物の外見のみに焦点を当てた訳出"What did that person look like?"（その人はどのように見えましたか）などが 5 名（14 ％）もいた。このように、通訳者が勝手に質問の意味を狭めているケースが多く見られ、質問者の意図が伝わらない可能性があることがわかった。"Please describe the customer who came at that time."（その時に来たお客さんについて説明してください）というような表現を用いたほうが、質問の意図がうまく伝わるかもしれない（水野他 2016: 73）。

スペイン語の場合
　「どういう」と「どんな」はどちらも"¿Qué tipo de…?"（どんなタイプの…）と訳すことができるが、"Cómo"（どのように）という疑問詞を

使って訳される場合もある。"¿Cómo era el cliente que vino?"（どういうお客さんが来ましたか）のように訳すと、やってきたお客さんの状態（活気がある、物静かな、おしゃべりな、無口な、機嫌がいい、怒りっぽいなど）について尋ねているという解釈も可能になる。

中国語の場合

　中国語に訳出する場合、「どういう」は「什么样」で、「来了什么样的客人」（どういうお客さんが来ましたか）と訳すことが多いだろう。元の日本語に比べても、さほどの差が出ないと思われる（水野他 2016: 74）。

■「何かありましたか」
「何か変わったことはありませんでしたか」

　こういう表現は、証人から事件の核心に向かうための証言を引き出すスイッチのような働きをする。単に「何か」と言うよりも「何か変わったこと」と言うほうが、スイッチとしての働きが明白になると思われる。また、「何かあった」という表現は、「何か起こった」のか「何か存在した」のかが曖昧になるので、的を射ない訳出になる可能性もある。

英語の場合

　「何か変わったこと」については、前述の通訳実験によると「変わった」の部分の訳語に非常に幅があることがわかった。"strange"（奇妙な、見慣れない）が 8 名、"wrong"（正しくない、間違った）が 6 名、"unusual"（普通でない）が 4 名、"special"（特別な）が 2 名、"different"（異なった）、"irregular"（不規則な）、"weird"（異様な）がそれぞれ 1 名ずつであった。「何か問題があったのか」という訳出も 1 名あった。"wrong"（正しくない、間違った）を訳語として選んだ被験者の数が意外に多かったが、原文にはない価値判断が入ってしまう訳出は明らかに不適切である（水野他 2016: 75-76）。

スペイン語の場合

　スペイン語に訳出する際にも、「何かありましたか」は、「何か起こった」のか「何か存在した」のかが曖昧になるので、的を射ない訳出になる可能性がある。スペイン語で自然な解釈が可能になるように訳出するには"¿Ha pasado algo?"（何か起こりましたか？）、または、"¿Pasó algo que le llamara la atención?"（あなたの注意をひいた何かが起こりました？）とするのが良いだろう。

中国語の場合

　中国語については、「何かありましたか」を訳出する場合、日本語の「何か起こりましたか」、あるいは「何か出来事がありましたか」という意味に訳すことが多いと考えられる。「何か変わったこと」について、15名の法廷通訳人を対象とする通訳実験を行った結果、「和平时不同」「和平时不一样」（普段と異なる、普段と同じでない）と訳した人が最も多く、7名だった。この他、「特别的事情」（特別なこと）、「其他的／别的情况」（他の／別の状況）と訳したのが2名ずつであり、「别的事情」（別のこと）、「异常」（異常）が1名ずつだった。また、通訳実験の被験者のうちの10名が、「訳しにくい」、「もっと具体的に言ってほしい」と再確認の作業をしていた。全体として、「同じでない／異なった」という訳をした通訳人が多かったが、「異常」というように、英語のケースと同様に価値判断を入れてしまった例もあった（水野他 2016: 76-77）。

■「それに気づいたきっかけを教えてください」

　「…のきっかけはなんでしたか」や「…に気づいたきっかけを教えてください」という表現も主尋問では多用される。これも、何か事件につながる異変について証人に具体的に物語ってほしい時に使う表現で、スイッチの役割を持っている。「きっかけ」という言い方は、言語によってはそのまま訳すことは難しい。

英語の場合

英語の通訳の場合、"Why did you notice that?"（あなたがそれに気づいた理由は何ですか）、"How did you notice that?"（どのようにそれに気づきましたか）というように訳すのが普通である。「きっかけ」という言葉の持つ「何かに気づいた最初のポイント」という意味を反映しようと思うと、"What was the happening that made you notice that fisrt?"（あなたに最初にそれを気づかせた出来事は何でしたか）のように、かなり回りくどい表現になるかもしれない。あるいは、単に "What made you first notice that?"（あなたに最初にそれを気づかせたものは何だったのですか）でもよいだろう。「きっかけ」という表現は様々な訳出が可能で、原文に忠実になろうとすればするほど、聞いている人にとってわかりにくくなる可能性がある。

スペイン語の場合

スペイン語の場合も、「きっかけ」という言葉は訳出するのが困難な言葉の一つである。他の言語への訳出と同様に "¿Cómo se dio cuenta de eso?"（どのようにそれに気づきましたか）と訳出したり、"¿Qué le condujo a Ud. a que se diera cuenta de eso?"（何に導かれて気づくという結果がもたらされたのか）と訳出したりすることもできる。

中国語の場合

英語やスペイン語と同じく、「きっかけ」は訳しにくい語の一つである。文脈に合わせ、「请告诉我你是怎么发现那个的」（どのようにそれに気づいたか教えてください）、「请告诉我你发现那个的起因是什么」（それに気づいた起因は何かを教えてください）と訳出することが多い。

■「それで、どうしたのですか」
　「そのあと、どうしたのですか」
　「…をどうしたんですか」

これも証人などに事件の経過を語ってもらう際に多用される表現である。次に何が起こったのか順に聞いていく時に、この表現が続けざまに使われることがある。

英語の場合

　英語の文では主語が必要である。しかし、この表現には主語がないので、事件の登場人物が複数の場合、通訳人は主語を間違える可能性がある。また、「（誰かが）何をしたのか」や「（誰かが何かに対して）何をしたのか」など、状況によって解釈が異なる。通訳人の解釈にしたがって、"What did (you) do then?"（それから〔あなたは〕何をしましたか）のように、何らかの主語を入れるか、"What happened then?"（それから何が起こったのですか）のような文章にして行為者を示さないかどちらかである。

スペイン語の場合

　スペイン語訳では、英語と同様、"¿Qué hizo Ud?"（あなたは何をしましたか）と訳す場合と、"¿Y qué pasó?（そして、何が起きましたか〔どうなりましたか〕）と訳さざるを得ない場合がある。後者は、「〜した」の主語が明確ではない場合に用いる。

中国語の場合

　文脈に合わせ、主語を明確にした上で、「どのようにした／やったか」と訳すことが多い。「…をどうしたか」は「你…怎么…了」になる。日本語の動詞「する」については、目的語によって変わるので、このような形になる。

■「そのあとどうなりましたか」

　これも、上記の例と同様に、「何が」どうなったのかという点が明らかではないので、通訳人が主語を間違える可能性がある。
　「どうした」は積極的な行為のニュアンスがあるのに対し、この「どう

なった」は状況の変化を意識した言い方であり、行為者を明示する必要は
ない。しかし、質問者が「どうした」と「どうなった」の違いを意識して
いるとしても、通訳人の解釈の仕方によっては、その違いは訳文に反映さ
れない可能性がある。

英語やスペイン語の場合

　そのどちらも「その後、何が起こったのですか」という形に訳される
ケースが多い。

中国語の場合

　「那后来怎么样了」（それで、その後どうなりましたか）と訳すことがで
きる。「それで」に当たる中国語があることによって、今までの状況変化
などを受け、「どのようになったか」が明確になる。この他、「どのように
変化したか」という意味に訳すこともあると思われる。

■「様子はどうでしたか」

　主尋問では、被告人や証人に対して、誘導せずに状況を語らせる必要が
あるので、曖昧な語彙を使用せざるを得ないことがある。典型的な例とし
て、この文章に使われている「様子」がある。他に「態度」、「生活」など
もよく使われる。以下、それぞれについて、解説する。

◆様子

　「様子」という言葉は、それを通訳人がどう解釈するかによって意味が
変わる可能性がある。

英語の場合

　前述した英語への訳出実験でも、「様子」は様々な意味合いで訳されて
いる。英語の場合、"How was Mr. A?"（A さんはいかがでしたか）のパ
ターンで訳した被験者は 10 名で、一番多かった。「様子」という曖昧な
表現を、やはり曖昧な "how" で置き換えたのだと思われる。また、実際

に辞書で「様子」という単語を調べると"how"をつかった訳例が載っているので、その影響かもしれない。しかし、"how"を使うと「いかがでしたか」→「元気でしたか」の意味にも捉えられかねない。"How was Mr. A doing?"（Aさんはどうしていましたか）のパターンも3名いたが、これも、Aさんが元気だったかどうか聞いているようにも聞こえる。もちろん、ここでの質問者の意図とは食い違う。また、"How was Mr. A's behavior?"（Aさんの行動はどうでしたか）のように「行動」に焦点を当てた訳出をした被験者が3名いたが、質問者は「行動」のみについて聞いているわけではなく、意味が狭まってしまう。

　次に多かったのが"How (What) did Mr. A look like?"（Aさんはどのように見えましたか）のタイプの訳出で、6名いた。通訳者が「様子」を外観や見た目として受け止めた結果、そのような訳出になったと考えられる。これでは意味が限定的になってしまい、質問者の意図が正確に伝わらない（水野他 2016: 74）。

スペイン語の場合

　スペイン語では「様子」という一語を逐語訳する必要がなく、"¿Cómo se encontraba?"と訳出すると"encontrarse"という動詞に「様子の状態」という意味が含まれていて、「どのような状態（様子）であったか？」というニュアンスになる。しかし、慣れていない通訳人の場合は、逐語訳を施そうとして、「様子」を"estado"（状態）などの語彙を用いてスペイン語に訳出しようとし、逆に不自然でわかりにくくなるリスクが生じる。

中国語の場合

　同じ漢字圏の中国語の通訳の場合はどうだろうか。法廷通訳人15名を対象とする訳出実験によると、訳語のバリエーションが多く、訳し方が定まらないという状況であったが、半数が「様子」を「感覚」「情況」「情形」「状況」という表現を使って訳した。「感覚」と訳した3名は、その理由として、日本語の曖昧さを失わないため、できるだけ曖昧な表現を探したと答えている。また、「情況」「情形」については、2つの語ともに状

況、様子、事態を表すが、「情況」は主に政治、思想などの抽象的な事柄
に用いられ、「情形」は具体的な事柄に用いられる。通訳者の受け止め方
で、様々なバリエーションが生まれることがわかる。また、中国語にも日
本語と同じ「样子」（様子）という語彙が存在するが、それはほとんどの
場合、格好、容姿や外見、表情などを指すので、上記の英語の例にも見ら
れるような意味の限定化が起こってしまう可能性がある（水野他 2016:
74-75）。

◆ 態度

「様子」と「態度」は似たような状況で使われるが、それらの言葉から
受ける印象やニュアンスは違うようだ。「様子」は、上記の英語の通訳実
験でも明らかになったように、その言葉を聞いて「外観」を意識する人が
多いが、「態度」の場合は、おそらくそうならない。「様子」はより静的で
「態度」はより動的なニュアンスを含んでいる。法律家たちの意見をうか
がったところ、「様子」を使用する場合は、表情や服装を含めたその人の
見た目もある程度想定されているが、「態度」を使用する場合は、見た目
ではなくその人の行動を想定していることが多いということであった。

英語の場合

英語では「態度」は "attitude" と訳されることが多いが、"attitude"
は物事に対する姿勢を意味するので、どちらかといえば「ものの考え方」
の意が強い。もし「行動」に力点がおかれているなら、この訳語はふさわ
しくなく "behavior"（振る舞い）のほうが適切である。しかし、日本語
の「態度」はその両方を表すので、文脈から判断することになる。「生活
態度はどうでしたか」のような表現だと、「真面目に暮らしていました」
というような答えが返ってくるであろうし、「その時の店員に対する被告
人の態度はどうでしたか」のような表現だと、「ひどい悪態をついて、殴
りかかるような格好をしました」のように、行動そのものについての答え
が返ってくるだろう。通訳が介在する時、多くの場合、文脈で訳語を適切
に選択できるが、使われる状況によっては、通訳人を迷わせる表現である

ことは確かである。

スペイン語の場合

　スペイン語でも「態度」という言葉は文脈に応じて異なる訳語を当てて訳出する必要がある。「生活態度はどうでしたか」という文脈では"¿Qué estilo de vida llevaba?"（生活スタイルはどうでしたか）という訳出になり、"Llevaba una vida ordenada."（きちんとした生活スタイルだった）のような答えが返ってくることが予測される。また、「態度」が被告人などの「振る舞い」について聞く質問であれば、"¿Cómo se comportó?"（どのように振る舞いましたか）というふうにスペイン語では表現し、"Se comportó amablemente."（親切な振る舞いをした）などの答えが返ってくることが予測される。

　つまり、スペイン語に訳す場合も「態度」には、「様子」と同じように状態を意味する場合と、「振る舞い」や「行動」を意味する場合があり、期待する答えを引き出すには、きちんと訳し分ける必要があるということである。

中国語の場合

　中国語には、日本語の「態度」に相当する語「态度」があり、日本語とさほどの差はない。「生活態度」という意味では、同様に「那时的生活态度怎么样？」（その時の生活態度はどうでしたか）のようになる。

◆生活

　「生活はどうでしたか」という質問もよくされるが、そのバリエーションとして、「生活ぶり」「暮らしぶり」などがある。質問者はおそらく、経済的な状況を聞きたいと思う時に、そのような形で質問していると思われるが、そうでない場合もある。例えば、まじめに暮らしていたかどうか聞きたい時もあるだろう。「生活ぶり」「暮らしぶり」など、そのような意味であることが多い。ところが「暮らし向き」のような言葉になると、家計、つまり、経済状況を意味することになる。

英語の場合

　単に「生活」と言われると、通訳人はその解釈に迷う。実際、多くの通訳人が、これは経済状況について聞いていると判断するようであるが、100パーセントの確信を持ってそう訳しているわけではない。裁判の場合だと、被告人がお金に困って犯罪に手を染めたのかどうか明らかにするためにこのような質問がなされることが多く、通訳人もそれがわかっているので、そのような判断が可能になる。そのため、"How was he making a living?"（彼は、どう生計を立てていましたか）のような訳をしてしまう通訳人もいるようだ。これは具体的に「生計を立てる手段」を聞く質問に変わってしまっており、踏み込みすぎの訳である。"living conditions"（生活状態）などの、より意味の幅が広い表現にとどめるほうがいいかもしれない。

　また、上記のような背景がない場合は、「生活」という漠然とした言葉が経済状況に言及していると考える率は減ってくるはずである。英語を例に取ると、ためらいなく "life style"（生活様式）などの訳をつけてしまうかもしれない。しかし、この表現は、直接的に経済的なニュアンスに結びつくわけではない。もし、質問者が経済的な状況を聞きたくてそのような質問をした場合、そこに行き着くまでに、別の追加の質問を加えなければならないことになるだろう。

　このように、「生活」という表現は文脈依存度が非常に高い。ただ、「生活にゆとりはありましたか」のような文になると、経済状況のことを聞いていることは明白で、通訳人も自信を持って通訳できる。ただ、「ゆとり」という言葉は非常に訳しにくい。"have enough money to live"（生活するのに十分なお金がある）のような具体的な表現にしないと通じにくい。

スペイン語の場合

　「生活はどうでしたか」の「生活」はスペイン語に訳す際、"estilo de vida"（生活様式）という訳語を用いて通訳するのが一般的である。ただ、「生活にゆとりはありましたか」の「ゆとり」という言葉はスペイン語に訳出するのは非常に難しい言葉のひとつである。社会階級のどのあたりの

生活レベルだったかを問う質問のほうが、貧富の差の激しい中南米諸国では伝わりやすく訳しやすい表現になる。なぜなら、スペイン語圏、特に中南米諸国では、いわゆる中産階級は存在せず、少数の富める人と多数の貧しい人に分かれているからだ。「ゆとり」という概念についても、富める階級は「ゆとり」があるが、大多数は「ゆとり」などないのが普通である。日本のような多くの国民が中流と感じている社会とはその成り立ちが異なりすぎているため、「ゆとり」の概念をそのまま通訳することは非常に難しい。

中国語の場合

　中国語では「生活」「生活状況」という表現を用い、「生活状況怎么样？」（生活状況はどうですか）のように訳されることが多い。聞き手によって、あるいは文脈によって、「経済状況」を聞かれていると解釈することもあれば、「生活態度」などを聞かれていると解釈することもある。

1.2　モノの描写

　覚せい剤が隠匿されていた物など、証拠物について尋ねる際に、証人に説明してもらうためによく使用する表現がある。以下のような例が典型である。

例
1)「その袋は、どんな形状でしたか」
2)「あなたがそれを手に取った時、どんな感じでしたか」

通訳の問題

　上記のような表現は、外国語に通訳する時に困難を伴うことがある。

■「どんな形状」
英語やスペイン語の場合

　「形状」とは、「目に見える外面的な形やありさま」という意味である。

「形状」を、例えば英語で一言で言い表そうとすると、一般的に、訳語として "shape" や "form" が使用されるが、それでは単に「形」を聞く質問になってしまう。もし「形状」という言葉を使って尋ねたいことが、形だけでなく材質や大きさなども含めた全体的な特徴である場合は、それでは十分とは言えない。英語の通訳人の場合、その人が正確性を重視すればするほど、「形状」を通訳する時に悩む。もう少し具体性がないと、自信を持って訳せないのだ。仮に「形」とだけ訳された場合には、質問者は、他の属性についても知りたいはずなので、追加の質問をいくつかすることになるだろう。質問者が最初から「形」「材質」などに絞った具体的な質問をした方が無難である。もし全体的な特徴について尋ねたいなら、「〜の特徴を教えてください」のように聞く方法もある。スペイン語の場合も状況は同様である。

中国語の場合

中国語の「形状」と日本語の「形状」はほぼ同じ意味と考えてよいだろう。「什么形状」（どんな形状ですか）のようになる。

■「どんな感じ」

「どんな感じ」と言われると、通訳人は訳すのに困る。これは、そのものに触った感じなのか、それを目の当たりにした時の心情なのか、判断に迷う。質問者はもしかしたら、「怪しいと思った」というような、証人がそのものについて抱いた印象を聞きたいのかもしれない。「それを触った時にどんな感じでしたか」と言うように、触感に限定されるような質問であっても、「それを触った時の具体的な感触」、「触った時にどんな印象を持ったか」のどちらとも受け取ることができる。「感じ」という言葉は非常に曖昧で、通訳人の判断の幅も大きくなるということを認識しておく必要がある。

英語やスペイン語の場合

上記の問題に加え、「触った時の触感」を表現する時に「ざらざらした

感じ」や「ごつごつした感じ」などのように擬態語が用いられると、訳出するのは非常に難しくなる。

中国語の場合

　中国語においては、「感覚」という語があり、日本語の「感じ」に比較的近い意味になるが、「どんな感じ」と言われたら、「重さ」「感触」「怪しいかどうか」などの解釈もできる。やはり文脈依存度が高く、付加情報が必要な場合がある。

2. 反対尋問でよく使用される言語表現

　主尋問とは異なり、反対尋問については刑事訴訟規則 199 条 4 節 3 項で、「反対尋問においては、必要がある時は、誘導尋問をすることができる」と定められており、法律家の間では誘導尋問が奨励されている。相手側の証人やその供述内容の信用性を争いたい時には、基本的に誘導尋問によって追い詰めていくのがコツだとされている。証人に説明や弁解の機会を与えないよう、極力、自由に語らせないようにしなければならない。したがって、主尋問のようなオープン・クエスチョンは使用しないようにする。尋問者の質問の中に「このことを語らせたい」と思う内容を盛り込んでおき、それに対して「はい」「いいえ」で簡単に答えさせる質問が理想的なのである。

　このような事情から、反対尋問時に特有の言語表現が生まれる。

2.1　付加疑問

　付加疑問文は反対尋問に典型的に現れる言語表現である。日本語で言えば終助詞「ね」を文末に持ってくる表現とそのバリエーションのことである。1 回の反対尋問で、質問の半数以上が「ね」で終わるようなこともまったく珍しいことではない。ダイヤモンドルール研究会ワーキンググループ（2009: 168-169）は、質問が簡潔になるように、1 問 1 答のパターンを貫くと効果的であるとし、すべての質問の末尾に「ね」を配した尋問の例を挙げている。末尾の「ね」またはそれに準ずるものに加え、「…と

いうことは間違いありませんか」「…ということでよろしいですか」のように、文末に確認の言葉を添えるパターンもよく使用される。

例

1)「あなたは、さきほど検察官の質問に対し、事件の目撃状況について、証言されました<u>ね</u>」
2)「後ろを振り返ったまま、A さんと B さんから一度も目を話さなかった、<u>ということは、間違いないですか</u>」

付加疑問のパターンには以下のようなものがある。

肯定文 +「ね」
　　…ですね。…でしたね。…しましたね。
　　…ですよね。…でしたよね。…しましたよね。
　　…ということでいいんですね。

否定文 +「ね」
　　…のわけではありませんね。
　　…したことはないんですね。

肯定文 +「ですか」
　　…、ということですか。
　　…、とそういうことですか。
　　…、でよろしかったですか。

否定文 +「ですか」
　　…、ということではないんですか。
　　…、じゃないですか。
　　…、ではないんじゃないですか。
　　…、というわけではないんじゃないですか。

追加の文による確認

 …。で間違いありませんね。

 …。それは間違いないですか。

 …。これは本当ですか。

 …。そうですね。

その他

 …したでしょ。

　付加疑問文のうち、最も典型的なのは終助詞「ね」を使ったものである。「ね」は、話し手の認識を聞き手が受け入れることを当然とみなし、聞き手の同意を求めるという過程を経ることで、話し手の認識の領域に聞き手を引き入れるという目的を持った言語表現である（伊豆原 2004: 12）。

　A「田中さんですね。」

　B「そうです。」

上記の例では、「A はすでに B を『田中さんである』」と判断するだけの一通りの証拠を得ているはずであるが、最大の証拠である「本人の肯定」が欲しいので、このように質問しているのである。ここでの「ね」は、情報の裏書を求める働きをしている（金水 1993: 120）。

通訳の問題

　法律家は、連続して「ね」で終わる質問を繰り出し、速いテンポで反対尋問を進めていくことが多いが、時々、「それは間違いないですか」などのパターンも使用し、メリハリのある質問を心がけているようである。しかし、通訳が入る際に気をつけるべきことがある。

英語の場合

　上記のような「ね」についても、前述した通訳コースの学生を使っての

通訳実験を行った。その結果、被験者の 62.2 パーセントが「～ね」の文を英訳する際に付加疑問文 "didn't you?" や "right?" のパターンを用いたことがわかった。しかし、31.5 パーセントが、付加疑問文ではない普通の肯定あるいは否定の疑問文または平叙文を使った。その場合、質問者が意図する強制や誘導の効果がまったく伝わらないことになってしまう（水野 2015: 95-96）。

　また、"didn't you?" のような英訳、つまり、肯定文＋否定の付加疑問文または否定文＋肯定の付加疑問文（checking tag）を使ったのが全体の 32 パーセント以上で、最も多かった。このような形式は、下げ口調で発話された場合、強い想定を示し、その想定に同意する答えを期待する文となり、同意がない場合は「対決」となる。そして、この形が最も「攻撃的（aggressive）」で「強制的（coercive）」で「統制的・支配的（controlling）」なタイプの付加疑問文であると Hale（2004: 52）は述べている。英語のネイティブ・スピーカーで通訳業務に携わっている人に、法廷での質問における「ね」をどのように訳すかと尋ねたら、"..., yes?" や "..., right?" のように軽く訳すという答えが返ってきた。これは、日本語母語話者である上記被験者の示した傾向と異なる。日本人の場合、「ね」は肯定文＋否定の付加疑問文または否定文＋肯定の付加疑問文で訳すべきであると学校の英語の授業で習っており、どうしてもそのパターンを使用してしまうのであろう。このように、それほど強制的な意味を持っていたわけではない「ね」が、英語の通訳を通すと、付加疑問文として最も強制的、支配的な表現になってしまい、証人や被告人に必要以上の圧迫を与え、反感を買ってしまう可能性があるということを意識しておく必要がある。

スペイン語の場合

　スペイン語の場合は英語の checking tag のような付加疑問文の形式が存在しない。最後に "¿..., cierto?, ¿..., verdad?"（そうですよね？本当ですね？）などを付け加えるパターンになり、上述の英語のネイティブ・スピーカーが「ね」の訳出方法として述べたスタイルと同じである。さほど強制のニュアンスを伴うことはないと思われるが、話者のイントネーショ

ンや身振りなどによっては「攻撃的」で「強制的」で「統制的・支配的」なニュアンスが出る場合もある。

中国語の場合

中国語には、再確認を表す「吧」という語があり、「そうですよね」という意味になる。

2.2　過去のエピソード：「ことがある」

「ことはないんですね」「ことがありませんでしたか」という表現は法廷での尋問でよく使用される。法廷傍聴をしていると、非常に耳に付く表現の一つである。特に、「こと」の後が「ないんですね」や「ありませんでしたか」のような否定疑問の形になる場合、通訳人が訳出の難しさを感じることがある。この表現には、以下のような例がある。

例

1)「あなたは警察官に対し、事件のことで隠して話さなかった<u>という</u>
　<u>こと</u>はないんですね」

2)「ホテルについてから共犯者と一緒にタバコをすった<u>ということが</u>
　ありませんでしたか」

当研究に協力いただいた数名の弁護士とのディスカッションを通して、法律家がこのような表現形式を用いる意図として以下のことが明らかになった。

■「こと（がある）」、「こと（はない）」

反対尋問での誘導で用いられることが多い。一般的には、過去の事実、特定の1回の出来事（エピソード）をひとくくりにして「こと」という言葉で特定する意図がある。上記の2）の例を使えば、「あの時のタバコのことを聞いているんだよ」というように答えの範囲を提示して、それを突きつけ、言い逃れを防ぎたいという、潜在的な意識が表れている。

■「ありませんでしたか」

　質問者は肯定の答えを期待しているわけであるが、「ありましたか」とストレートに聞かれると「いいえ」と言いやすくなる。「ありませんでしたか」と否定文を用いると、「あったでしょ」「私は知ってるんだよ」「わかっているんだぞ」という含意やニュアンスになり、否定しにくくなる。質問者の意図としては、やはり上記の例 2) で言えば、「吸ってないなんてことはないでしょう」「絶対に吸ってますよね」「吸っていたはずだ」と、事実を突きつけることになるのである。

　上記の例はそれぞれ、「警察官に対し、事件のことを隠さず話したんですね」「ホテルについてから共犯者と一緒にタバコを吸いましたか」という表現と意味は同じであるが、「…ということがありませんでしたか」の表現形式を使用したほうが、質問者が知っている内容を限定するとともに、それを知っているのだということを暗に示唆するため、質問された側はそれを否定しにくく、質問者の求める答えが効果的に引き出せるということになる。

通訳の問題

　では、通訳を介した場合、上記のような法律家の意図は訳出文に反映されるのであろうか。

英語の場合

　この問題についても、前述したような通訳実験を行った。その際、上記の例 1) を使用した。

　「あなたは警察官に対し、事件のことで隠して話さなかった<u>ということはないんですね</u>」

　37 名の被験者のうち、「こと」という部分を訳に反映していたのは 9 名で全体の 24 ％であった。ただし、多くの通訳例で、「こと」は、「話さな

かったという事実」という意味ではなく、「話さなかった内容」という意味に解釈されていた。

例）Is there anything about the case that you didn't tell the police ？ 「その事件についてあなたが警察に話さなかったこと（内容）は何かありますか」

これに対して、28名（65％）が、単純に「…しましたか」「…しませんでしたか」という疑問文で、あるいは、この例文は最後に「〜ね」があったことから付加疑問の形を使って訳していた。つまり、「ことがある」という表現は、一般的には過去の経験に言及するものなので、英文法では過去形か現在完了形で訳すという通常のパターンに当てはめて訳したのだと思われる。

例）Did you tell the police about the case ？
　　「あなたは事件について警察に話しましたか」

　このように、英語では、法律家の意図する「過去の事実（エピソード）」としての「こと」は、通訳にうまく反映されないケースが多いようである。英語通訳の場合、「ことがある」という表現を「事実がある」と置き換えて言うと、通訳者は、"fact"（事実）という単語を使って訳すことが期待され、上記のような訳出にはならないと思われる。「こと」という曖昧な表現が使用されると、前述の実験結果が示しているように、通訳者の解釈の幅が広がり、原文の意図が伝わらない可能性も大きくなると思われる（水野他 2016: 67-68）。

スペイン語の場合
　スペイン語への訳出の場合でも、例えば、「話さなかったということはないんですね」という一種の二重否定になっていて、「話さなかったという事実」がなかったことを今、ここで確認する質問などは訳出が難しい。

"¿Habló o no habló?"「話さなかったのか、話したのか」というような二者択一の訳出をしてしまう危険もあり、もともとの法律家の質問に込められた意図が伝わらない文構造に訳出されてしまうこともあるようだ。「あなたが話さなかったというのは事実ですか」というような日本語の質問のほうが正確に訳出される可能性が高まる。

中国語の場合

　中国語でも 15 名を対象に、前述したような通訳実験を行った。上記の例文については、「こと」の部分を訳したのは 15 名中 6 名であった。その中で 3 名は、以下の A 類の例のように、文章を 2 つに分けた形で訳している。他の 3 名は、以下の B 類の例文のように、元の日本語どおりに連体修飾構造を用いて一文で訳している。

A 類：你关于事件对警察，隐藏起来没有说，没有这样 / 那样的事情吧
　　　（あなたは警察に、事件について隠して話さなかった。そういうことはないですね。）
B 類：你对警察，没有关于事件隐藏起来没说那样的事情吧
　　　（あなたは警察に、事件について隠して話さなかったということはないですね。）

試しに、この両方のパターンの中国語文を 10 名の中国語母語話者に読み聞かせ、直ちに意味が理解できるかどうかを確認した結果、2 文に分けて訳された A 類は、全員が一回聞いただけで理解できたのに対して、B 類の連体修飾構造を成している訳文に対しては、10 名のうち、6 名が再度確認を行わないと理解できなかった。つまり、言語構造の特徴により、中国語では、正確性、伝達機能を重視し、「…隠し話しませんでした」「そういうことはなかったんですね」というように 2 つの文を使って訳すほうがわかりやすく適切である。ここで言えることは、この構文の場合、日本語の原文に忠実であろうとすればするほど、わかりにくくなってしまうということである。こうした言語構造の違いは実際の通訳過程において、通訳

人にとって負担となっている可能性が大きいと思われる。

　また、上記の例とは異なり、「こと」を訳していない通訳者は 15 名中 9 名いた。下の例のように、英語の通訳の場合と同様、「こと」を「過去の出来事（エピソード）」としてではなく、話の内容と捉えていることを示すケースが多かった。この構文では、英語の通訳の場合と同様、法律家の「こと」を用いる意図は反映されていない。

　　対警察，关于事件，没有隐藏起来没说的话吧。
　　（警察に対して事件について言っていない話はないですね。）

（水野他 2016: 68-70）

■「こと」が入ったわかりにくい質問
　裁判の傍聴などで気づいた、「こと」という表現が入った、とてもわかりにくい質問の例をいくつか、参考までに以下に挙げておく。質問者は無意識にしている質問かもしれないが、実際に読んでみると、かなり理解しにくいことがわかる。

「…で、警察に呼ばれたということを聞かれたということですね。」

「今回は、それ以外のことを聞くことはないと言われましたね。」

「聞かれてないことは喋ってないことはあったんじゃないですか。」

2.3　自己矛盾の提示
　証言や供述内容が自己矛盾をはらんでいる時、法廷での尋問や質問で、法律家はその矛盾を突いて弾劾しようとする。その際に、二重否定文と時制が混在する文がよく使われる。

2.3.1　二重否定文
　反対尋問で、法律家は時々二重否定文を使用する。二重否定は聞き手の

混乱を招くので、なるべく使わない方針であると明言する法律家もかなりいるが、実際の裁判の現場では、依然として頻繁に使用されており、上述した「こと」と一緒に使われるケースが多い。以下、二重否定疑問文の典型例である。

例

1）「あなたは取調官に正直に話を<u>しなかったということはないですね</u>」

2）「この調書に書かれていること以外に、まったく<u>他の事実がないということではないんですね</u>」

　日本語の文体・レトリック辞典（中村 2007）は、二重否定を次のように説明している。

　　（間接）の原理に立つ文彩の一つ。否定の否定という形で肯定の意味をあらわす修辞技法。単なる否定表現そのものが意味の非限定性を活用して迂回性を持ち込み、感触をやわらげる働きをする。二重否定はそれをもう一度ひねって元に戻すことになり、伝達上の間接化はさらに高まる。

このように、二重否定は質問に婉曲性や間接性を与える手法であると言える。

　弁護士を対象とするアンケートやインタビューから、次のことがわかった。法律家は二重否定文を誘導尋問の一つの形と考えている。証人や被告人の過去の供述内容と法廷で行った証言内容の矛盾があることを明確に指摘し、弾劾する必要がある時に、二重否定を使用する（水野 2016: 3）。例えば、調書では証人が「直接ナイフを見た」と供述したことが示されているにもかかわらず、法廷で「私は被告人がナイフを持っているのを見ませんでした」と証言した場合、質問をしている法律家は「あなたはナイフを見なかったとは言っていませんね」のように尋ねることになる。このよう

な言い方をすることで証人の「はい」という答えを引き出しやすくなるからである。証言者が否定しにくい形として二重否定文が使用されるのである。

　また、二重否定は証言者が言い逃れをするのを防ぐという意味もあると考える法律家もいる。例えば、上記の例で言えば「あなたは取調官に正直に話をしなかったということはないですね」という言い方のほうが「あなたは取調官に正直に話をしましたね」という言い方よりも間接的で柔らかく響き、「はい」という答えを引き出しやすい。後者だと、直接的すぎて、証言者が反発したり、言い訳や言い逃れをしたりする状況を作りやすいと考えられているのである（水野 2016: 3）。

通訳の問題

　では、通訳を介すると二重否定文はどうなるかということであるが、どの言語においてもかなり問題が多いことがわかった。そもそも、一度聞いただけで内容を正確に理解すること自体が難しいのである。

英語の場合

　上記の例文の 2 つ目の「この調書に書かれていること以外に、まったく他の事実がないということではないんですね。」を使用して、前述のいくつかの例と同様の通訳実験を行ったが、結果は以下のようになった。

　二重否定をそのまま正しい意味で訳せていた被験者は 37 名中たった 4 名で、全体の 10.8 ％であった。そのうち「ね」の付加疑問の部分までも正確に反映できていたのは 2 名のみだった。以下がその訳文の例である（回答されたままの形）。

　例）Except this written statement, it's not true that there's no other thing which hasn't been said, right?
　例）There is not anything not written besides what is written on the statement, right?

　また、肯定疑問文の形で訳出したものが 7 名で全体の 18.9 ％であった。二重否定文は否定を 2 つ入れることで肯定の意味を形成しているので、肯定文にしてしまえば意味は同じになるという理由でそのように訳されたと推測できるが、そのように訳されると、前述したような、法律家の意図した効果が完全に失われてしまう。以下がその訳文の例である（回答されたままの形）。

　　例）Is there any additional information besides this statement?
　　例）It is possible any other fact exists besides written statement, isn't it?

　これらに対し、否定を 1 つだけ訳したもの、つまり、意味を逆にしてしまった被験者は 15 名もおり、全体の 40.5 ％であった。意味が逆になるのであるから、これは非常に大きな問題である。以下がその訳文の例である（回答されたままの形）。

　　例）There is no other fact besides this written statement, right?
　　例）Isn't there any fact besides things written on this written statement?

その他、多くの誤訳や完全な意訳があり、二重否定を正確に訳すのがいかに難しいかが示された（水野 2016: 4-5）。
　ちなみに、通訳業務の経験が豊かなプロの法廷通訳人に同じ例文を聞かせ、その場で通訳してもらったら、その訳文は以下のようになった。

　"There is no other fact which is not written in this written statement, is that true?"
　（この調書に書かれていない他の事実はないのですね。）

この訳文の英語には確かに二重否定は反映されている。しかし、否定されている箇所が原文とは異なっていて、微妙に意味が変わってしまっている。質問文中の「…書かれていること以外に」の部分が「…書かれていな

い」と否定文を使用して訳されたが、「…ということではないんですね」の部分の否定が落ち、肯定の付加疑問になってしまっている。この通訳人は会議通訳の経験も多く、実力には定評のある人である。そんな通訳人でも、二重否定の文を訳す際には混乱する可能性が高いことが示された（水野 2016: 5）。法律家は、二重否定は通訳人によって誤訳される確率が非常に高いということを、よく認識しておく必要がある。

スペイン語の場合

スペイン語も上記で説明されている英語の事例と同様の困難が伴う。スペイン語にきちんと訳出できた場合でも、聞き手である被告人や証人に理解されず、もう一度訳しなおしてほしいと依頼されることが多い。さらに、このような二重否定の質問に対する答えが"Sí"または"No"だけの場合、「はい」「いいえ」とだけ訳してしまうと聞き手が肯定・否定の返答内容を誤解して理解してしまう可能性があり、二重の意味で通訳上の困難を生じさせる言語形式である。これは英語通訳にも共通する問題である。

中国語の場合

中国語も英語やスペイン語と同じように、一文に訳すこともできるが、たとえそれが文法的に正しくても、意味解釈の面において、聞き手に理解されにくいことが多い。上記の例文 1）については、出来事の存在の有無として解釈されるため、質問文を 2 文に分ける必要がある。「你关于事件对警察，隐藏起来没有说，没有这样／那样的事情吧」（あなたは警察官に対し、事件のことで隠して話さなかった。このようなこと／そのようなことはないんですね）のような形である。

2.3.2 時制の混在

過去に証言した内容と異なる証言をしたような場合、その矛盾を突いて証人を弾劾するための質問が行われることがあるが、時々、それを 1 つの質問で一気に聞こうとする法律家がいる。そのような質問は、日本語で聞

いていてもすっと頭に入ってこない。このような質問として、以下の例を
挙げる。

例

「あなたは、警察での取り調べの際に、事件の日に A 氏の家に行った
ことはないと供述したことを覚えていないと言っているのですか」

|通訳の問題|

　この例では、1 つの文に 3 つの時制が存在する。時系列に並べると、事
件の日、警察での取り調べ、現在進行中の公判廷となる。それを一文に全
部盛り込んで質問されると通訳人は混乱する。その結果、誤訳をするか、
訳せないので質問者に再度質問を繰り返してもらうよう求めることにな
る。裁判を傍聴していると、このような場合に通訳人に質問の繰り返しを
求められ、結局、質問者自身も自分が何をどのように言ったかわからなく
なり、同じ質問を繰り返すことができなくなる場面に時々遭遇する。

英語の場合

　英語の場合は、過去完了形、過去形、現在形の 3 つの時制を正確に使う
必要があるが、通訳人自身が状況をきちんと把握して初めて、時制を正確
に使い分けることができる。通訳人の混乱を避けるためには、このような
質問はできるだけ避け、1 つの時制ごとに 1 つの質問という形にして、文
を分けるなどの工夫が必要である。

スペイン語の場合

　スペイン語も英語の場合と同様の問題があり、時制が混在する質問形式
は避けたほうがよい。また、これと似た表現で、スペイン語で "No recu-
erdo haber ido a Kawasaki."（英語で言えば "I don't remember to have been
in Kawasaki." となる）の訳が「川崎に行ったことは記憶にありません」
なのか、「川崎に行った覚えはありません」なのか、どちらにもとれるた
め、スペイン語から日本語へ訳す場合も、本人が述べたいことを事前に知

らされていないと、異なる訳をしてしまうリスクがある。

　この点について、中国語の場合も同様である。日本語で「昨日、遊園地に行きました」「明日、遊園地に行きます」のように、「行く」という動詞が終止の位置にある時は、発話時を基準にして過去形か未来形かが決まる。しかし、「今度、大阪に行った時、お土産を買ってきてください」「今度、大阪に行く時、お土産を買ってきてください」は、どちらも未来の動作であるにもかかわらず、前者のように「行った」を使うことができる。このように、日本語の時間関係はどこを基準にして発話しているかにより、過去なのか未来なのか、判断する必要がある。通訳時、これらのような複雑な関係を理解し、訳語に反映させることは容易なことではないし、誤訳を招く可能性もある。

3. 主尋問か反対尋問かを問わず問題が生じる可能性のある言語表現

3.1　表す範囲が異なる動詞表現

　言語によって動詞の性質が異なることがある。日本語の動詞が動作・行為とその結果を全部含んで言い表していても、それに当たる中国語の動詞は、動作・行為のみ言い表し、その結果について、言及しないことが多い。

例)

「あなたは彼を見ましたね」

→中国語の答え：「我看了，但没看见」

通訳の問題

　上記の例では、日本語の質問は、実際彼の姿を捉えたかを尋ねているが、中国語に直訳すると、「看」になり、これは「見る」という動きのみについて聞いていると解釈される。そして、答えの部分を直訳すると、

「私は見た、でも見えなかった」になる。中国語で、このような文が成立するのは、上記のような中国語の動詞の性質が関係しているためである。

　英語と日本語でも、同様の現象が起きることがある。例えば、"per-suade"（説得する）という動詞は「説得できた」「説得して…をさせた」というように、結果を含んでいる。日本語の「説得する」は、相手がそれに応じるところまでは含んでいない。「説得しましたが、だめでした」ということにもなりうるのである。このように、動詞が単なる動作の「実行」を表しているのに、その訳語である動詞が動作の「遂行」を表すような場合、質問に続く答えが、質問者にとってちぐはぐに感じられるものになるかもしれない。

　このように、異言語間では、同じ意味に見える動詞でも、その表す範囲が異なることがあるので、それを常に意識しておくことは重要である。

3.2　「…られる」・「…される」、「…てもらう」

　時々、証人に対して非常に丁寧な敬語表現を使う法律家がいる。敬語表現の中には受動態表現と区別がつきにくいものがあり、通訳人が勘違いすることがある。

例)

1)「あなたはその時、A さんに声をかけられましたか」
2)「あなたは、B さんに…ということを聞かれましたか」

通訳の問題

　「…られる」「…される」という表現は、使用される動詞によっては、敬語なのか受動態なのか判断がつかないことがある。実際に通訳人は、通訳していて迷うことがあるという。事実関係がはっきりしていれば、敬語なのか受動態なのかすぐにわかるかもしれないが、通訳人は、その事件を担当する法律家ほど、誰が誰に対して何をどのようにしたのかという事件の詳細をきちんと把握していないことも多いので、混乱を避けるためには、どちらとも受け取れるような言い回しは避けた方が無難である。

同様に「～てもらう」が使われる表現も困難が伴う。例えば証人に対して、「あなたは被告人に薬物を売ってもらったんですね」という質問がなされた場合、「被告人が薬物を第三者に売った」のか、「被告人が薬物を証人に売った」のか、背景事情を知らなければ訳し分けられない場合もある。

3.3　慣用表現

　慣用表現は比喩を用いることが多く、それによって言いたい内容を生き生きと描くことができるなど、特殊な効果を持っている。法廷での質問で、時々慣用的な表現が使われることがある。さすがに要通訳裁判では、「いかにも慣用表現」というようなものを使うことは避けられているようであるが、日常的に使われているものは、つい、使ってしまうこともある。

通訳の問題

　慣用表現は使い方によっては非常に効果的だが、他言語でそのような表現と等価である表現があるとは限らない。また、たとえ存在していたとしても、そのニュアンスや、それが醸しだすイメージが同じであるとは限らない。そのため、通訳人は、その慣用表現の持つ意味を説明的に表現しなければならないことになり、その表現の効果が失われてしまうことも多い。またそれ以前に、通訳人がその表現の持つ意味を完全に理解しているかどうか疑問であるし、日本語母語話者でない通訳人の場合は、そもそもその表現を聞いたことすらない場合もあるのである。

　以下のような表現は、裁判で時々出くわす表現である。

「あなたは、そのお金がのどから手が出るほど欲しかったのですね」

「息子さんが警察に捕まったことは、寝耳に水だったんですね」

「そういう仲間に入って麻薬の売買をするというような、泥舟に乗るよ

うなことをして、今はどう思っていますか」

「マリファナに加えて覚せい剤まで手を出したということですが、毒を食らわば皿までというような気もちだったのですか」

「あなたがそのような犯罪に手を染めるきっかけとなった出来事について聞きます」

「あなたはさっき、現場の様子は良く見えなかったと言ったじゃないですか。舌の根の乾かぬうちに、今度は、見えたというのですか」

「あなたはその日の午後、ホテルの部屋にＡ氏から電話がかかってくるのを首を長くして待っていたのですね」

「あなたは国にいる時は、お金がなくて、爪に火をともすように暮らしていたのですね」

「そんな、世間の人に後ろ指を指されるようなことをして、家族が悲しむとは思わなかったのですか」

　しかし、最近では、訳しにくそうな慣用表現が実際の法廷で発話されると、裁判長が他の訳しやすい直接的な表現に言い直すように指示を与えることが多いようである。法律家にも慣用表現やことわざなどは通訳が困難であるという認識が共有されてきていると思われる。

3.4　婉曲表現
　婉曲表現は一般的に、否定的な意味合いを持つことから、神などの恐れ多いもの、性や排泄のように人が恥ずかしく感じるような事柄について、聞き手の不快感や困惑を避けるために、直接的に表現せず、別の言葉で遠回しに言うための表現のことである。法廷でも男女関係や性に関する話題

の時に、婉曲に表現する場合がある。

> 例）
> 「A子さんとB男さんは関係がありましたか」
> 「はい」

|通訳の問題|

　ある通訳人に聞いた話であるが、裁判で、証人に「AさんとBさんは関係がありましたか」という質問がされた。通常は、男女間に「関係がある」という表現が使用されたら「性的関係がある」という意味だと判断できるが、その時の通訳人は日本語母語話者ではなく、そのような言い方に慣れていなかったので、「関係がある」の部分を「知り合いである」と訳した。証人の答えは「はい」であった。実際には、その二人に男女の関係はなかったので、そのことがあとで問題になったという。いかにも起こりそうなケースである。

　他にも、性行為について述べたい時に、あからさまに言うのははばかられるので、いろいろと遠回しに言うことがある。

> 例）
> 1)「その夜はホテルで一夜を一緒に過ごしたんですね」
> 2)「あなたがAさんと懇ろになったのはいつのことですか」

性的な内容を遠回しに表現するのは多くの言語に見られる現象であるが、通訳人がその言語の母語話者でない場合、そのような婉曲表現が含んでいる意味を理解できず、字面通り受け止めてしまうことがあるので、注意する必要がある。

英語とスペイン語の場合

　英語やスペイン語から日本語に訳す場合も、同様の問題が起こることがある。例えば、スペイン語では、"Él y yo nos pasamos una tarde íntimo"

（彼と私は親密な午後を過ごした）にある“íntimo”という表現は「親密な」と訳されることが多いが、要するに「性的関係を持った」ということを婉曲的に表現している。英語でも同様で、“intimate”は「親しい」という意味であるが、文によっては男女の性的関係を暗に示唆する言葉である。しかし、通訳人が「親しい」と直訳した場合、単なる「仲のよい関係」のように誤って解釈される危険もある。通訳人によっては「性的関係を持った」ことの婉曲表現であることを知らない可能性がある。例えば、ある女性被告人がかなりの金額のお金を密売人とみられる男からもらっており、そのお金は薬物の取引の報酬だと検察官は考えていたが、女性被告人は「彼と親密な午後を過ごした時に（つまり、性的関係を持った時に）おねだりした」と述べた。それを通訳人が「彼とは仲が良かったので、お金をほしいと頼んだ」と通訳したため、状況が正確に理解されなかったというようなケースも考えられる。

中国語の場合

　中国語の場合、主語となるものが男女であれば、「関係」というと、通常、男女関係、性的関係を指すことになる。ただし、この場合、「関係をもつ」「関係が発生する」（発生関係）と表現される。また、前後の文脈があれば、「ホテルで一夜を一緒に過ごした」を直訳しても、中国語においても、親密な関係を匂わせる表現になる。ただし、「性的関係をもった」という意味まで聞き手が解釈するかどうかについては個人差があると思われる。さらに、「懇ろになる」という表現の場合、主題が男女であれば、「親密に」という意味に訳されることが多いが、日本語のもつ独特なニュアンスは含まれない。

　また、「性的サービスを提供する」というような表現があるが、「性的サービス」という言葉を使った場合、言語によって表す範囲が違うことがある。例えば、日本語では性行為そのもの以外についてもこの表現を使えるが、中国語では性行為そのものと解釈される可能性が高い。

3.5　その他の訳しにくい表現

3.5.1　多数の訳出の選択肢がある表現

　2つの異なる言語間では、単語や表現が1対1で対応することはなく、それぞれ複数の訳語があるのが普通である。そして、どの訳語であっても、意味が完全に一致することはなく、重なり合う要素とそうでない要素が存在する。また、言葉には指示的意味（その言葉が直接何を示すか）と内包的意味（ある言葉がそれを使用する人に与える「印象」）〔referential meaning vs. inferential meaning〕があり（氏木他 2016: 8）、ある言葉とその訳語が物理的に同じ事柄を指していても、その言葉から喚起されるイメージが大きく異なるという状況は多く、そのため、伝わる意味内容が変化してしまうことはよくある。例えば、「レモン」という言葉の指示的意味は果物そのものを指すが、内包的意味は文化によって異なる。英語ではlemon には「ポンコツ」の意味があるが、日本語の「レモン」には「さわやか」の意味がある。

　また、「殴る」や「取る」という犯罪行為に関わる言葉を例に取ってみても、訳語によって伝わる印象がずいぶん違ってくる。筆者らは、同じ原文の表現に対して通訳人が犯罪を想起させる訳語を使用した場合と、特に犯罪的ではない訳語を使った場合の2種類のビデオを作成し、それぞれを2グループの模擬裁判員に見せ、印象を答えてもらう実験をいくつか行ったが、両グループを比較した結果、被告人の行為に対する裁判員の心証が通訳人の使う訳語によって変わることがわかった。有罪・無罪の判断や罪の軽重の評価という点で、より犯罪的な言葉を使ったほうが被告人に不利な結果になった（中村 2012）。

　以下、通訳人の訳語選択が問題になりそうな具体例をいくつか紹介する。

■殴る

英語の場合

　質問者が「殴る」という表現を使用し、それを英語の通訳人が"beat"と訳したら、被告人が"You mean, hit him? Yes."（"hit"したということ

か？それなら Yes だ）と答えた例がある（中村・水野 2009: 36）。日本語でも「たたく」「殴る」「殴打する」などの表現があるように、英語でも、"hit", "beat", "strike", "punch", "batter" などがある。"hit" は単に当っただけでも使えるし、"batter" にいたっては、（例えば妻や子どもを）虐待するというようなニュアンスで用いられる。通訳人は、どのように、どのくらいの強さで殴ったか、その状況に関する情報がないと、正確に訳すことはできない。

スペイン語の場合

スペイン語では、「殴る」に対して「たたく」は、"darle un manotazo"（手でたたく）, "darle un cachetazo"（頬をたたく）, "darle una bofetada"（平手でたたく）, "darle un puñetazo"（拳骨でたたく）などたたく個所やたたく手の形状によって様々な表現がある。実際の状況を見ていない通訳人が訳語を決定することで、実際の状況とは異なる程度の暴力を表す訳出になる危険もある。

また、「殴る」と「殴りつける」もニュアンスの訳し分けが難しい単語である。これと同様に訳し分けが難しい表現の例として、（首を）「絞める」「締め付ける」「締め上げる」などがある。これは英語通訳に関しても同じである。

中国語の場合

「殴る」については、中国語の場合、「打」「捶」「揍」「殴打」などに訳すことができる。力の度合い、道具の使用の有無、手のひらで殴るか拳で殴るかで異なるため、英語と同じく、具体的な情報がないと正確な訳出は難しい。

■取る

英語の場合

何か物を「取った」というような場合、それを英語に訳す時に、"take", "pick up" から "steal", "rob" に至るまで、様々な表現が可能である。英

語から訳す場合も、元の英語が"take"だったのを、単に「取る」と訳すのと「奪う」、または「引ったくる」と訳すのとでは、聞き手の印象に大きな差が出る。引ったくり事件を想定して行った通訳実験で、"take"に対して「奪う」「奪い取る」という表現を採用した通訳バージョンのほうが、単に「取る」「手に取る」としたほうに比べ、聞き手は罪が重いと感じるという結果が出た（中村 2012: 90-91）。

スペイン語の場合

　スペイン語の場合も、「取る」には様々な訳語を当てはめることが可能である。"quitar"は「取る」「取り上げる」であるが、"arrebatar"は、「奪い取る」というように暴力的に取るニュアンスがある。実際の状況に近い訳語を選択するためには、通訳人が実際の事件の状況がどのようであったのか知っていなければならない。

中国語の場合

　「取る」に当てはまる訳語としては「取」「拿」「偸」などがあるが、「奪う」と解釈されることは少ない。しかし、「同僚のお金を取った」のような文においては、「取る」は「盗む」と解釈され、中国語の「偸」に訳されると思われるが、中国語には「取」という語もあるため、原文に「盗む」という語が使われていない限り、「偸」に訳すことを躊躇する通訳人もいる。

■金を要求する

英語の場合

　英語に関して言えば、「要求する」にもいろいろな表現が可能である。"ask for money"は、子どもが親にお金をねだるというような状況でも使われるが、"threaten for money"になれば恐喝になる。"try to mug"であれば、（路上で）誰かから金を奪おうとするという意味で、完全に犯罪になる。お金を強く求めるという意味では"demand"あたりが無難かもしれない。このように、どういう状況で金を要求したかによって、適切な表

現が変わる。

スペイン語の場合

　スペイン語の場合も同様に、「要求する」は"exigir"を用いると、強く求めるというニュアンスが出るが、"pedir"を用いると、英語の"ask for"のように「（お金をくれないかと）お願いする」という意味になり、ニュアンスが異なる。

中国語の場合

　中国語では、「要」「索取」「要求」に訳されることが可能である。お金は「金銭」と訳されることが多いだろう。また、「勒索」と訳される場合、「巻き上げる」、「ゆすりとる」という意味になる。

■「かばん」「荷物」
英語の場合

　「かばん」と日本語で言われると、"bag"という英訳をすることが多いが、"bag"はもともと「袋」の意味で、スーパーのレジ袋も"bag"である。日本語の「かばん」は、形状に応じて"trunk""suitcase""briefcase"などであることが多いし、"hand bag""shoulder bag"のようなものであることもある。したがって、「かばん」という漠然とした言葉ではなく、「巾着袋」「ショルダーバッグ」「旅行かばん」「スーツケース」「ブリーフケース」のように、もっと形状が特定できるような表現をされると、通訳人はとても助かる。

　「荷物」という言葉には注意が必要である。日本語で「荷物」と言った場合、「荷物をかばんに入れる」というように、「中身」を指すことが多い。日本人が覚せい剤密輸の容疑で逮捕された海外の事件で、空港での取り調べで、"Did you bring a suitcase, which suitcase is yours?"という英語の質問に対し、通訳人が「あなたの荷物はどっちですか」と訳した。中身は自分の物だったので、その人は「こっちです」と答えた。そのため、そのスーツケース自体が自分の所有物であることを認めたように受け取られ

た。しかし、実際は、スーツケースは他人が用意したもので、そのスーツケースが二重底になっており、覚せい剤が隠匿されていたのである。あとでスーツケースは自分のものでないと主張したが、最初のやり取りとの矛盾を突かれることになってしまった（メルボルン事件弁護団 2012: 87）。日本語から英語への通訳という状況でも、「荷物」という言葉が出た場合、中身だけを指すのか、全体を指すのか、この言葉だけでは判断できない。誤解を避けるためには、その点をはっきりさせる必要がある。

スペイン語の場合

「かばん」という言葉もスペイン語に訳す際に困難を伴う言葉である。スペイン語圏諸国によって表現が異なり、カバンの大きさや形、用途、男女のどちらが使うものかによってもかなり異なる。例えば、"maleta" という単語は、辞書には「スーツケース」という言葉が第一義的に提示されているが、国によっては一般的な「旅行かばん」を指し、スポーツバッグのような形状のものでも "maleta" ということもある。通訳の際、「ハンドバッグ」「ブリーフケース」「スーツケース」などのように具体的に表現してもらえると、通訳人は非常に助かる。

中国語の場合

中国語の場合、「かばん」であれば「包儿」、荷物であれば「行李」が当てはまる。この点において、混乱が生じることは少ないと思われる。

以上のように、犯罪行為の根幹に関わるような箇所や、具体的な事物に言及されるような場面で、通訳人が訳語の選択に迷うことはよくある。事前に通訳人に対して事件の状況に関する情報を提供することは重要であるし、それができない場合は、質問の際に、なるべく具体的なイメージがわくような言葉遣いをしたほうが良い。

3.5.2 「なんで」…手段か理由か

「あなたはそこになんで行きましたか」という質問が時々あるが、ここ

での「なんで」は手段か理由のどちらを聞いているのか、わからなくなる場合がある。大学の英語通訳コースに属する学生 21 名を対象に、この文章だけを聞かせて通訳してもらうという実験を行った。その結果、10 名が「なんで」を「理由」だと受け止め、11 名が「手段」だと考えた。

　このような文章は、文脈や状況から、どちらの事を聞いているのかわかる場合が多いかもしれないが、まったくわからない場合もある。質問者は、間違いのないように、手段を聞きたいなら「何を使って」「どのような交通手段で」など、理由を聞きたいなら「どのような理由で」「何のために」など、明確にわかるような言葉づかいをする必要がある。

3.5.3　指示代名詞「この」「その」「あの」

　「その人、どんな様子でしたか」というように、日本語では「その」がつくと、聞かれている相手が当該の人やものを知っているという前提になる。ところが中国語では、「その人」と訳した場合、そのような前提を含まない言い方になり、日本語のニュアンスが失われる。通訳人は、そのニュアンスを含めるために、何か補うなどの工夫をして訳すべきかどうか迷うことがある。言われていないことを加えるのは通訳倫理に反すると思う人ほど、躊躇する。そのような通訳人にとっては、質問者が最初から、「○○さん」のように固有名詞を使うか、「彼」「彼女」のように代名詞で聞いてくれるとありがたい。ただ、代名詞を使うと、それに当たると解釈できる人物が複数になる状況もあるので、固有名詞で明確に表現するのが一番無難である。

　また、「この」、「その」、「あの」の距離感や感覚は、言語で異なる。日本語は話者からの距離に応じて、「近称」の「これ、この」（話者に近い）、「中間称」の「それ、その」（話者から遠く、聞き手から近い）、「遠称」の「あれ、あの」（両者からともに遠い）の 3 つを用いる。しかし、英語には「中間称」はなく、「話者からの距離」だけで「this/that」を区別するので、日本語の「それ」も that で済ませることになる。中国語も 2 つの区別しかない。このような言語だと、「それ」と「あれ」、「その」と「あの」の区別をするのが難しい可能性がある。

3.5.4 「…してしまった」

「あなたはそういう状況の中でAさんを<u>死なせてしまった</u>のですね」の
ような文章で出てくる「してしまった」という表現は、何か好ましくない
ことをやったとか、残念な結果になったというような時に使われる表現で
ある。このような文では、文型そのものに特定のニュアンスが含まれてい
ると言える。こうした形の表現は、他の言語に同様の表現が存在しないこ
とが多く、通訳する時には、何か副詞などを補わないと、話し手の伝えた
い意味合いを表現することはできない。上記の例をそのまま訳した場合、
単に「あなたはそういう状況の中でAさんを殺したのですね」のように
なってしまい、「…してしまった」のニュアンスが入らない。

この場合の質問者の意図を伝えようと思えば、通訳人は、例えば「不幸
なことに」「残念ながら」「あなたの意思に反して」というような文言を加
える必要がある。しかし、通訳人としては、本人が言っていないことを加
えるのには抵抗がある。そして、そのような文言を加えることで、質問者
が意図したよりも強い意味が加わってしまうことが往々にしてある。もし
質問者が「残念だった」「望んでいなかった」という強い気持ちを込めた
い場合は、単に「してしまった」と言うのではなく、自らの言葉でそれを
はっきり表現したほうが通訳人にとっては訳しやすい。

3.5.5 意味のグレード

同じような意味を持つことばが複数ある場合、その表す内容の度合いや
グレードがそれぞれ異なる。2言語間で、単語や表現を対応させる場合、
それがうまく一致するとは限らない。通訳人にとって第一言語でないほう
の言語については、ネイティブの語感を持っているわけではないので、訳
出の際うまく対応させることが感覚的に難しいと思われる。

■蓋然性の度合い

物事が起こりうる確率や可能性について述べるという状況で、どの表現
を選択するかによってその蓋然性の度合いが異なる。

英語の場合

　英語で蓋然性を表す副詞として、"probably", "maybe", "perhaps", "possibly" などがよく使用される。その蓋然性の度合いについて 2 つのウェブサイトから拾ったものを以下に示すが、それぞれの表現に応じて違うことがわかる（カッコ内は起こりうる確率）。

・probably（70 ％以上）
・maybe　（30〜50 ％程度）
・perhaps（30〜50 ％程度）
・possibly（30 ％以下）
　（https://foreignlang.ecc.co.jp/learn/l00077d/　ECC フォリラン）

・probably（80〜90 ％）
・maybe　（50 ％）
・perhaps（30〜40 ％）
・possibly（10〜30 ％）
　（https://www.b-cafe.net/newsletter/2010/07/002383.php　私の英会話）

　さらに、以下のサイトでは "likely" も加わっている。"likely" は、上記 4 つの語とは異なり、副詞だけでなく形容詞としても使用される。

・probably（90 ％以上）
・likely　（65 ％以上）
・maybe　（35〜50 ％）
・perhaps（30 ％以上）
・possibly（30 ％未満）
　（https://progrit-media.jp/370　PROGRIT MEDIA）

　上記でわかるように、蓋然性の高い副詞から並べると、"probably"、（"likely"）, "maybe", "perhaps", "possibly" の順になるようである。他のサ

イトもいくつか調べたが、ほぼ同じ順であった。ただ、蓋然性の度合いについては幅があり、個人の感覚によるところが大きいと考えられる。

さらに、これらの語について、英語を第一言語とする英語教育専門家数名にその使用傾向について尋ねたところ、以下のような回答にまとまった。

上記の"probably"と"likely"の2語、"maybe"、"perhaps"、"possibly"の3語は、それぞれ蓋然性にそれほど差がない語のグループであるが、使用状況は文章のスタイルや場面によって異なる。例えば、"probably"はより一般的で日常のスピーチで使用され、"likely"は上流社会的な響きがあり、学術的または詩的な文章で使われる傾向がある。"maybe"はごく一般的で口語的であり、"possibly"は"maybe"よりも無機質的かつ少し洗練されたイメージで、ニュースなどで使われる。"perhaps"は一番上流社会的な響きがあるし、アメリカ英語よりイギリス英語で多く使用される。このように、これらの語の使用は蓋然性の度合い以外に、状況、文体によっても決定づけられることがわかる。

これらに当たる日本語であるが、蓋然性という点では「きっと」、「たぶん」、「おそらく」、「もしかしたら」、「ひょっとしたら」のような順になると思われる。ただ、「たぶん」と「おそらく」の違いは、上記の英語の単語と同様、蓋然性の差というよりも使用される場面との関わりが強いようである。「たぶん」はよりカジュアルでくだけた場面、「おそらく」は公的で改まった場面で使用される頻度が高いという（前坊 2012）。

裁判で、誰かが何かをどの程度予期していたか、ということが争点になったような場合、蓋然性の程度が問題になるかもしれない。"maybe"や"perhaps"のように、起こる確率が比較的低いニュアンスを持つ言葉が使用された場合、「たぶん／おそらく」よりも「もしかしたら／ひょっとしたら」を使った方が、より正確なニュアンスが伝わるかもしれない。

スペイン語の場合

スペイン語の能力が十分でない通訳人が犯しやすい間違いの一つに、"seguro"（確か、確実な）と"seguramente"（そうかもしれない、もしか

したら）という言葉の意味の違いを認識せず、"seguro"の副詞形は
"-mente"をつけるものだという範疇的理解を応用してしまうということ
がある。その結果、"seguramente"が例外的に異なる意味を持つ語である
にもかかわらず、これを「確かに」の訳語として用いてしまい、蓋然性の
度合いを正確に表すことに失敗する例が見られる。

中国語の場合

　中国語においても、副詞やモダリティ（話している内容に対する話し手
の判断や感じ方を表す言語表現）の蓋然性が問題になってくる。「応該」
「估計」「可能」などがあるが、背景にある客観的な情報も焦点になる場合
があり、一概に順序をつけることは難しいという考え方もある。

■数や量の多寡

　数や量を表す表現にも、様々なグレードがある。例えば、「何人かの人
がいました」「いくつか見ました」というような場合、明確な数字が出な
いまま通訳することになる。

英語の場合

　例えば、英語で以下のような表現が出て、それを日本語に訳す際に、微
妙にずれた訳になる可能性がある。数を表す表現を解説しているいくつか
の学習サイトを見てみると、以下が、最も典型的な数字のイメージであ
る。
（https://bebeblanchecoco.com/a-couple-of-a-few-some-several/

Bebeblanchecoco,

https://learnenglish111.com/a-few-some-several/　基本の教科書など）

a couple of ……2。場合によっては 2，3 を表すこともある。それ以上で
　　　　　　　　　はない。
a few ……………2，3，4 くらいの範囲。
several …………5，6，7。せいぜい 8 まで。

some ··············4，5，6 くらいが典型的なイメージだが、状況や話し手
　　　　　　　　の感覚によって変わる。例えば 100 個くらい物がある時
　　　　　　　　に "some" というと、10 個や 20 個のこともある。

　実際の法廷で、以下のようなやり取りがあった。イギリス人被告人の覚
せい剤事件で、被告人が「2 回」という意味で言った "a couple of times"
を通訳人が「数回」と訳した。それに対して、検察官が「一体、何回なん
ですか」と詰問し、被告人がまた、"a couple" と答え、通訳人は「2，3
回」と訳した。検察官は「2 回か 3 回かどちらなんですか」とさらに詰問
し、被告人は、"a couple, two" と答えた。被告人は最初から 2 回だと言っ
ているのに、通訳人が幅を持たせた訳出をしてしまったので、このような
やり取りになったのである。このように、数字がうまく伝わらないと、証
言者が何かを誤魔化しているように聞こえてしまうことがある。通訳を介
して数字が本当に正確に伝わっているか、気をつける必要がある。

中国語の場合

　中国語の例を挙げると、「両」という語がある。これは、「2 つ」と「い
くつか」の 2 つの意味を持つ。どちらの場合も発音が同じであるため、判
断しにくい表現の一つである。

3.5.6 「以上」、「以下」

　英語やスペイン語の場合、日本語の「以上」「以下」に当たる表現はな
い。「3 回以上」であれば、英語の場合、"three times or more"（3 回かそ
れより多い）というようにしなければならない。"more than three times"
にしてしまうと、「4 回以上」という意味になってしまう。または、"more
than two times"（2 回より多い、つまり 3 回以上）のように、訳出の時に
数字を変えて対処することもある。このように、「以上」「以下」は困難度
の高い表現である。「～未満」や「～を超える」は、訳す際に間違いが少
ない。

第3章
取り調べでの通訳の問題

　取り調べ通訳に関して、警察の通訳職員や民間通訳人にアンケート調査を行った結果、前章で述べた法廷通訳の難しさと同様の問題が挙げられた。例えば否定疑問文や二重否定疑問文、複雑な時制は通訳人にとって負担が大きく扱いにくいため正確に訳すことが難しいことや、多義的な質問は真意をくみ取りにくく訳しにくいことが明らかになった。また、「被疑事実」の読み聞かせの際などに長い文章を通訳することになるが、これにも困難を伴うことがわかった。

　さらに、擬声語・擬態語、ことわざ、特殊な言い回しなどを難しいと感じる通訳人も多い。文化特有の表現の裏には明示的に語られない文化的前提があり、文化によって解釈の仕方も異なることから、通訳人にとって、言語表現の裏にある真意を正確に把握した上で通訳するのは容易ではない。この点も、法廷通訳人が直面する問題と共通している。しかし、すでに知っている情報をいかに自分の側に有利になるように示すかを目的とする公判とは異なり、取り調べは、情報を新たに入手する段階である。通訳を介することで、被疑者の誤った情報発信につながらないよう、質問者は質問の意図を明確にするとともに、通訳人はその真意を正確に理解し、適切な訳出を行わなければならない。

　ここで、取り調べ時に通訳人が困難を感じる日本語の例をいくつか挙げたい。前章の法廷通訳のところで触れたものは省く。

1. 訳しにくい構文や言い回し
1.1　主語などの省略

例

「その時どうしたのか？」

「その後、どこ行った？」

　このような質問は、法廷での主尋問でも多いが、取り調べの時も頻繁に使われるパターンである。

　まず、「誰が」の主語の部分が省略されていることから、その場面での関係者の数が多いと、誰のことを指すかわかりにくい。さらに、上記の例の「その時」や「その後」が具体的に何を指すかがわかる時とわからない時があるという。通訳を介する場合は、通訳人の思い込みによる誤訳を避けるためにも、主語を省略せず、具体的な言葉を補って、状況が明確にわかるような話し方をする必要がある。

1.2　受動態

　取り調べでは受動態を多く使用する。受身表現は、言語によっては訳しにくいという。例えば、韓国語では受動表現をあまり使わないので、行為の主体を主語に立て、構文を能動態に変えて表現する必要があって難しいと感じる通訳人も多い。通訳をつける際には質問ではなるべく受動態を使わないことが推奨されるが、実際の取り調べでは、行為の動作主が明確でないまま質問が繰り出される場合がある。取りあえず受動態を使用して質問しておき、会話の流れの中で行為の主体が明確になってくるという状況もある。ある意味、情報を引き出すための戦略ともいえるが、通訳を通すことで、その効果が失われ、混乱を生じる可能性があるし、言語によっては通訳すること自体、非常に難しいことがある。

2. 訳出が困難な特殊表現

2.1　擬声語・擬態語

　取り調べでは、犯罪のシーンで誰がどのような感情を持って何をどのように行ったかについての情報を得ることが重要であるが、そのような内容を語る場合、擬声語や擬態語が多く用いられる。以下、例を挙げる。

> **例**
>
> 「パリーン」「ガチャン」「ダラダラ」「ぐったり」「ごちゃごちゃいう」
> 「ブラブラしていた」「かっとなった」「ぼーっとしていた」「ぱっとし
> ない」「（正直に話して）すっきりする」「当てもなくブラブラする」
> 「バーンと音がした」「ボロボロになる」「ビクビクしながら生きてい
> た」

　擬声語や擬態語がほとんど存在しない言語もあれば、日本語と同じよう
に多く使用される言語もある。後者の場合であっても、互いに完全に一致
する擬声語、擬態語のペアはないと考えたほうが良い。同じ言語内で同じ
ような意味を持つ擬声語、擬態語でも、そのニュアンスは微妙に異なり、
それが「耳心地」の違いに表れる。それを別言語で完全に正確に表現する
のは不可能である。通訳する際には状況をよく分析して、それを正確に伝
える努力をするしかない。例えば「彼は殴られてぐったりとなった」を英
語で表現するには、"Being knocked down, he fell senseless."のように状況
を説明する。また、ガラスが割れる際の「ガチャン」であれば、"smash"、
電話を「ガチャン」と切るのであれば、"slam down"のような表現を使っ
て、それぞれ訳し分けなければならない。また、ガラスが割れた時の音で
も派手に割れた場合は「ガッシャーン」、小さいものが当たって部分的に
割れたような場合は「パリーン」など、違う表現が使われる。そのニュア
ンスを伝えるためには、通訳人がその時の状況をきちんと把握し、動詞や
副詞、形容詞などを駆使して正確に伝わるようにしなければならない。擬
声語・擬態語は、ひとことで訳すことは難しい。

2.2　特殊な動作を表す表現

> **例**
> 「指をくるっと回す」

　指紋採取の際や拇印を押す時に説明的に使われ、その動作を擬態語で表

現したものである。これは他の言語には非常に訳しにくい。この動作を初めて行う人に対する場合、正確に説明しようと思えば、「指の腹の片側をつけて、そのまま指紋全体が写るように反対の側まで回す」のような言い方をするしかない。おそらく、このような場合は、自分も動作を見せながら説明するしかないであろう。

例
「羽交い締めにした」
「○○結びで縛った」

このような、事件の状況に直接かかわる重要表現の場合、正確に訳さないと事実関係が誤った方向に導かれる可能性がある。「羽交い締め」には、英語の場合"Nelson hold"という拘束術の一つがほぼ当てはまるが、直接的な訳語がない場合も多い。ロープやひもの結び方など文化特有のものもあり、そういう結び方が存在しないこともある。このようなケースでは、その動作などを言葉のみで説明すること自体、容易ではない。図を示すなどの方法を考える必要がある。「羽交い締め」は第2部でも取り上げるが、そこではもっと説明的な訳出表現を紹介している。

2.3 特殊な用語

法律用語、警察用語、犯罪用語、罵り言葉、卑猥な表現など、用語の意味の理解や適切な訳語選択という点で困難を生じる言葉がある。これらの用語の多くは、第2部で解説する。

第4章

弁護人接見時の通訳の問題

　弁護人の接見では、事件の詳細だけではなく、不当な取り調べを受けて
いないかなど、逮捕や取り調べの状況についても尋ねる。また、弁護人の
選任方法など、システムに関する説明も必要になる場合がある。外国人被
疑者の場合、通訳人を同行するが、接見時の通訳は公判の時と異なり、対
話の通訳であるので、いかに正確に相互のコミュニケーションが成立する
かが非常に重要になってくる。通訳人がつく時に、どのような問題が生じ
るか、以下のいくつかのシナリオを用いて考えてみる。これらのシナリオ
は研究に協力してくださった弁護士から提供されたものであるが、典型的
な日本語でのやり取りになっている。本章で主に問題にしているのは
法律家の言語表現なので、弁護人のせりふの部分についてのみ取り上
げる。

　弁護人接見でも、訳しにくい日本語表現は法廷や取り調べの場面と共通
するものが多いが、ここでは、特に弁護人接見で遭遇しやすい状況や表現
を中心に解説する。また、言葉の訳し方以外に、通訳を介する場合の注意
点についても適宜触れる。

1. 覚せい剤取締法違反事件を例に

前提：被疑者女性。初回接見。当番で派遣。被疑者国選。出動前に名簿上
の通訳人候補者に弁護士が連絡して同行。被疑者は執行猶予中の再犯。

弁護士 A：こんばんは。はじめまして。₁₎弁護士の A と言います。こちら
　　　　　は通訳人です。

被疑者 B：はじめまして。よろしくお願いします。

1）まず最初に弁護人が自己紹介をし、その上で通訳人を紹介する。その際、弁護

人が主体であることを示すことが重要である。通訳人が自分で勝手に自己紹介
をしたり、極端な場合、弁護人を紹介したりすることもあるようだが、そのよ
うなことがないように注意する必要がある。また、通訳人を紹介する際に、名
前などの個人情報は出さないように注意する。

弁護士Ａ：え〜、当番弁護士を呼んでくれたのは、どういうきっかけで。

被疑者Ｂ：今日、裁判所で、国の費用で弁護士をつけられるという説明を
聞いたので。

弁護士Ａ：なるほど……。それで、逮捕されたのは、いつですかね。

被疑者Ｂ：先生、それが、ひどいんです。聞いてください。朝早くから、
いきなり警察が私の自宅にやってきて、しかも、５人くらい、
「わかってるやろうな」とか言って、家の中にどんどん入って
くるんです。仕事があるから今日は帰ってくれと言ったのです
が、無理矢理車に乗せられて、警察に連れて行かれました。

弁護士Ａ：え〜っと、ちょっと待ってくださいね。まず、そうすると、警
察がいきなりやってきたわけですね。それはいつですか。

被疑者Ｂ：あ、すみません。えっと、今日裁判所で、捕まったのは昨日の
朝です。

弁護士Ａ：はい。なるほど。警察が家に来たということですが、2)<u>逮捕状</u>
は示されましたか。

2)「逮捕状」（arrest warrant）はわかっても、以下の 5)「勾留状」（detention war-
rant）がどういうものなのかわからない通訳人がいるので、説明が必要な場合
がある。勾留状は逮捕に引き続いて行われる被疑者または被告人に対する長期
の身柄拘束のために必要である。

被疑者Ｂ：何も見せられていません。

弁護士Ａ：そうですか。まあ、3)<u>任意同行からということなんでしょう</u>
が、それにしても 4)<u>乱暴な踏み込み方</u>ですね……。5)<u>勾留状</u>と
いうのを見せてもらっているのですが……。これによると、あ
なたは、今年の夏に覚せい剤を使用した、という疑いで警察に
6)<u>捕まってしまった</u>、ということですね。

被疑者 B：そうです。

3)「任意同行からということ」は、少しわかりにくく、「まず、任意同行を求めて
　取り調べを行った上で逮捕する」という手順であることが通訳人にわかるよう
　にする必要がある（「任意同行する」は "go along voluntarily" など）。

4)「乱暴な」は単に「暴力的」という意味ではなく、「道理に反して荒々しい」と
　いうようなニュアンスである。「踏み込み」も、「家に入る」ではニュアンスが
　伝わらない。どちらも通訳上、工夫が必要な表現である（英語では "make a
　raid in an unreasonable way" のような表現が可能）。

弁護士 A：その、覚せい剤を 6)<u>使ってしまった</u>ということ自体は、どうな
　　　　　　んですか。

被疑者 B：それは、間違いないです。出来心で…。

弁護士 A：なるほど。そのほか、ここに書かれていることで、あなたの記
　　　　　　憶と違うことなどはありますか（法テラスから送られてきた勾
　　　　　　留状の FAX を見せる）。

被疑者 B：いえ、書かれてることは、間違いないです。でも、先生、いき
　　　　　　なり家にきて、あんな乱暴なことをするのはおかしいですよ
　　　　　　ね。私、無理矢理腕をつかんで警察の車に押し込まれたんです
　　　　　　よ。

6)「…してしまった」は、第 2 章の公判での言語使用についての解説で述べたよう
　に、意図していないことや好ましくない結果について述べる際に用いられる表
　現である。これを他言語にそのまま訳すことは難しく、単に「…した」と訳さ
　れることが多い。文脈によっては、どうしても上記のニュアンスを入れる必要
　がある場合もあり、そういう時には通訳人は「残念ながら」（unfortunately）
　「うっかり」（carelessly, inadvertently）などの副詞（句）で対処する。

弁護士 A：まあ、確かに、逮捕・勾留に至る経緯が違法で、7)<u>問題になる</u>
　　　　　　ケースはありますよ。違法収集証拠、なんて言うんですけど
　　　　　　ね。まあ、ちょっと、そのあたりは、後で詳しく聞きますんで
　　　　　　ね。はい。え～、それで、取り調べは、どんな感じですか。

被疑者 B：先生、それがまたひどいんですよ。朝から晩まで、その、私が覚せい剤を使った夏の話よりも、私の友人のことばっかり聞いてきて。私も友人に迷惑をかけたくないので、関係ない話はしたくないと言ったら、警察が怒鳴り始めて。机を叩いたり。こんなん、日本では普通なんですか。

7) 法律家にとっては、この場合の「問題になる」とは、証拠能力の有無をめぐって争点化されるという意味になるが、通訳人はそこまで考えず、単に、問題視されるというように解釈するかもしれない。「裁判での争点になる」(become an issue at the trial, be put in issue at the trial) とまで言われれば、通訳人もそのように訳す。

弁護士 A：ううん……。そういうケースはなくなってきていますが、残念ながら、そういう取り調べは、以前に他の事件でも聞いたことがあります。まあ、警察としては、あなたの自己使用の件よりも、覚せい剤の入手経路を聞いて、まあ、密輸組織だとか、そういう 8)大物の 9)検挙に結びつけたいんでしょうね……。警察としたら、そういう 10)大きな山をあげた方が成績に結びつきますからねえ。

被疑者 B：なんか、納得いかないですよ、先生…。

8)「大物」(big-name, important...) を個人と考えるか組織と考えるかで訳が違ってくる。

9)「検挙」と「逮捕」は、どちらも英語では "arrest" "capture" などで表現できる。「逮捕」は一般人でもできるが「検挙」は捜査関係者が行うもの、「逮捕」は身柄を拘束するが、「検挙」は在宅でできる、というような違いを通訳人が知っていることで、誤った状況把握をせずに済む。

10) 警察用語で、「山」は事件 (criminal case)、「山をあげる」は「事件で犯人を逮捕する」という意味を通訳人が知っていなければ、訳すことができない。他にも「ホシ（犯人）」(offender, criminal など)「ガサ入れ（家宅捜索）」(house/domiciliary search) や「宅下げ（逮捕・勾留されている容疑者から、接見に来た者に対して物品を渡すこと。これにそのまま当てはまる英語表現はないの

で、説明することになる。)」などの警察用語は多い。通訳人の理解を確認する
必要がある。

弁護士 A：そりゃ、そうでしょう。まあ、そういう話を詳しくこの ₁₁₎被
　　　　　疑者ノートに書いてください（ノートを見せる）。早速警察に
　　　　　抗議しますよ。

11)「被疑者ノート」（Suspect's Notes）は日弁連が外国語対応のものを発行してお
　　り、言語別のタイトルがついているので、通訳人にそれを伝えておくとよい。

被疑者 B：先生、ありがとうございます。心強いですわ。ところで先生、
　　　　　国の費用でって聞いたんですけど、本当に費用はいらないんで
　　　　　すか。
弁護士 A：大丈夫です。₁₂₎国選弁護といって、原則として、あなたはお金
　　　　　を払わなくて良い制度になっています。ただ、裁判で、時々弁
　　　　　護費用を払うように命じられる場合があるので、100％という
　　　　　わけではないのですが。₁₃₎被疑者段階の今は、まず大丈夫です
　　　　　んで、安心してください。
被疑者 B：そうですか。わかりました。

12)「国選弁護」は被疑者・被告人が貧困などの理由で自らの費用で弁護人を選任
　　することができない時に、国の費用で弁護人を付する制度。「国選弁護人」
　　（court appointed defense counsel）。

13)「被疑者」（suspect）は起訴前、「被告人」（defendant）は起訴後の言い方であ
　　るが、その区別のない言語も多い。英語の"accused"はどちらも指す。「被疑
　　者段階」という場合、起訴前であることがわかるように通訳人が訳しているか
　　確認する必要がある。

2. 器物損壊事件を例に

前提：被疑者男性。当番で初回接見。被疑者が弁護人選任手続きについ
て、詳しい説明を必要としているので、法テラス等について説明しなけれ

ばならない。被疑者は初犯。

被疑者C：先生、やっと来てくれましたか。早くここから出してください。

弁護士D：Cさん、初めまして。来るのが遅れてすみません。連絡は昨日
　　　　　もらっていたんですが、急用があって昨日は来られませんでし
　　　　　た。あ、こちらは通訳の方です。それで、Cさん、罪名が
　　　　　14)器物損壊、ということだけは聞いているんですが。

　　　　　　　まず、どういう事情か教えてください。いつ、どういうこと
　　　　　があったんですか。

被疑者C：一昨日の夜、北新地のスナックで飲んでいたら、店主の態度が
　　　　　悪くて。腹が立って一言言ってやったんですよ。そしたら、店
　　　　　主が怒りだして。無理矢理私を押して、店から出そうとするん
　　　　　で。店主を振り払って、自分で店を出て行こうと思ったんです
　　　　　が、その時に店主が店の扉にぶつかって、それで、扉が壊れ
　　　　　たって言うんですよ。

14)「器物損壊」は"vandalism"という英語表現があるが、"property damage"な
どが使用されることもある。

弁護士D：そうですか。あなた、今回警察に捕まるのは、初めてですか？

被疑者C：もちろんです。

弁護士D：壊れたのは扉だけですか。どの程度壊れたかってわかります
　　　　　か。

被疑者C：扉だけでしょう。壊れたと言っても、金具のところがちょっと
　　　　　壊れただけです。

弁護士D：と、いうことなら、15)被害弁済をしてしまえば10日間で出ら
　　　　　れるかもしれませんね。まあ、故意に壊したと言えるのか、微
　　　　　妙な部分もありますが……。早く出たいということを最優先に
　　　　　するなら、正直、16)示談してしまうのが一番早いですよ。

15)「被害弁済」(payment for the damage) と 16)「示談」については、被害弁済をして被害者に被害届を取り下げてもらい示談にしてもらうと不起訴になることもある、という流れを通訳人が知っておくと、訳出がスムーズにいく。「示談」は、例えば英語では"settlement out of court"(法廷外での紛争解決)のように訳すが、それが通じない人もいるので、弁護人が説明しなければならないケースもある。

被疑者 C：そりゃあ、腹は立ちますけど、しかたないです。先生、早速示談をお願いしたいです。

弁護士 D：はい。わかりました。ところで、今回の事件は器物損壊ということですね。以前は、17)被疑者国選の対象にはなりませんでしたが、今は、対象事件が拡大されて、国選弁護人をつけることができます。もちろん、18)私選でつけることもできますが、意味はわかりますか。

被疑者 C：だいたいわかります。私選弁護人をつけるためには、お金が要るんですよね。私、お金がないんですよ……給料日前で……。でも、せっかく先生が来てくれたので、このまま、弁護をお願いしたいんですが、国選だと、弁護士を選べませんよね。

17)「被疑者国選」は前出の「国選弁護」と同じ。

18)「私選」(private defense counsel) は私的に弁護人を依頼すること。

弁護士 D：大丈夫ですよ。少し複雑ですが、被疑者国選弁護人を選任する手続きの流れを説明しますね。まず、この後、書類を渡しますので、それを使って、被疑者であるあなたが、国選弁護人の選任を請求します。そしたら、裁判官が、19)法テラスという機関に対して国選弁護人候補の指名・通知を要請します。次に、要請を受けた法テラスは、特定の弁護士を国選弁護人候補として指名・通知します。その通知を受けて、裁判官が国選弁護人を選任します。私から希望を出しておけば国選弁護人の候補者になれますので、通常は私がそのまま国選弁護人になります。

　　　　私があなたに渡す書類の説明もしておきます。国選弁護人の
　　　　選任の請求をするための要件として、「一度私選弁護人として
　　　　依頼したが断られた」という要件があります。この書類は私が
　　　　一旦私選弁護人として断ったことを示すためのものです。この
　　　　書類を付けて国選弁護人の請求をしてください。

被疑者C：ちょっと難しいですが、それより何より、早く出たいし、示談
　　　　をするためには、先生に動いてもらったほうが良いですよね。

弁護士D：そうですね。

被疑者C：では、お願いします。

19)「法テラス」の正式の訳は英語では"Japan Legal Support Center"というが、
　　他の多くの言語ではそのまま"houterasu"と表現されていたりする。意味が
　　通じているかどうか、確認が必要である。

3. 強盗致傷事件を例に

前提：2回目以降の接見。主な話題は取り調べの状況や起訴の見込み等に
関すること。家族の依頼で私選。

弁護士E：こんばんは。今日は寒いですね。

被疑者F：先生、いつもありがとうございます。中は暖房が効いているん
　　　　で寒くはないんですが、どうも空気が悪くって。

弁護士E：そうですか。体を壊さないように気をつけてくださいね。

被疑者F：ありがとうございます。先生、いきなりで申し訳ないんです
　　　　が、示談はできそうですか。

弁護士E：それが、Fさん、悪い知らせなんですが、やっぱり駄目そうで
　　　　す。被害者の [20]処罰感情が厳しくて。検事もあまり協力的では
　　　　ないですね……。

20)「処罰感情」は、"feeling of penalization"という訳も可能だが、「被害者の処罰
　　感情が厳しい」を一くくりにして、「被害者が重い罰を求めている」(The vic-

tim is demanding a heavy punishment. など）のように説明的に訳す方がわかり
やすくなる。

被疑者 F：そうですか……。でも、先生、今日までよく頑張ってくれてい
　　　　　　るので、仕方ないと思います。そうすると、裁判になってしま
　　　　　　うわけですね。

弁護士 E：そうですね。21) 強盗致傷ということなので、裁判員裁判になる
　　　　　　可能性が高いですね。22) 強盗と傷害に落ちれば、普通の裁判で
　　　　　　済むのですが。

21)「強盗致傷」は "robbery resulting in bodily injury"。

22)「落ちる」の意味が通訳人にはわかりにくい。「強盗致傷」だと罪が重いところ
　を 2 つの罪に分けることで罪の重さを軽減するという意味であるが、それを説
　明しないと訳せない通訳人も多いと思われる。

被疑者 F：先生、裁判員裁判の方が、私にとって不利なんですか。

弁護士 E：いえいえ、言い方が悪かったかもしれませんね。もともと、強
　　　　　　盗致傷と、強盗＋傷害では、刑の重さが全然違うんです。23) 刑
　　　　　　の重い事件だけが裁判員裁判になるので、強盗致傷で起訴され
　　　　　　ることそのものが、あなたにとって不利ということです。裁判
　　　　　　員裁判だから不利というわけではありません。

23)「刑の重い事件」は「重い刑が課される可能性のある事件」（cases that can re-
　sult in heavy penalties）というように説明的に訳さないとうまく通じないかも
　しれない。

被疑者 F：そうなんですね。ややこしそうですね……。裁判員裁判という
　　　　　　のは、どんな裁判なんですか。

弁護士 E：一般国民が審理に参加して、裁判官と一緒にあなたの刑の重さ
　　　　　　などを考えて決めます。さきほど、裁判員裁判だから不利とい
　　　　　　うことはないと言いましたが、やはり、法律の専門家ではない

方が関わるので、感情に流されやすいと言われることがありますね。専門家の経験から予測しにくい判決結果になることも、たまにあります。ただ、それがあなたにとって有利になるか不利になるか、そこは一律には決まりません。今回のケースは、……私の感覚で、楽観的な見方なので、そこは差し引いて聞いていただきたいのですが……Ｆさんの 24)境遇や、事件に関わってしまった 25)経緯など、同情すべき事情も多々ありますので、もしかすると、裁判員のなかにも、Ｆさんに味方してくれる方がいるかもしれませんね。

被疑者 F：そうですか。もちろん、期待しすぎてはいけないことは、よくわかっています。でも、先生にそう言っていただいて、少し希望が湧いてきました。

24)「境遇」はその人が置かれた家庭環境・経済状態・人間関係などの状況を指す言葉で、意味が漠然としていて英語などの言語には訳しにくいかもしれない。刑事事件でよく使われる「身上経歴」と同じように、"personal history" や "personal background" などのように「個人的な経歴／背景」として訳すことが多いだろう。

25)「経緯」とは、事の成り行きやそれに伴ういろいろの事情を意味し、事件の「過程」、「原因・理由」のどちらにも解釈できる。文脈によっては、どちらも含まれると解釈できるケースも多い。英語では、"details"、"circumstances"、"reason"、"background" など、様々に訳すことが可能である。内容を特定したい時は「理由」「成り行き」などのように具体的な表現を使用したほうが通訳しやすいかもしれない。

第 **5** 章
司法面接時の通訳の問題

　本章では、近年問題となっている子どもの司法面接について触れる。

　Walker（2013: 12）は子どもの言語使用をめぐる様々な事象や面接における注意点を細かくまとめたハンドブックの中で、子どもの言語使用は、その発達状況や生育環境によって大きく影響を受けるし、「子どもと大人とは同じ言語を話さない」としている。子どもを対象とする司法面接では、子どもも大人と同じように言語を使うものであるという想定は間違っているという前提で面接を行う必要がある。

　子どもの司法面接、特に虐待を受けた子どもの面接においては、子どもの精神面のケアが非常に重要な課題である。事件が起こった状況を正確に把握するには詳細な情報収集が必要になるが、長時間の面接や複数回の面接が子どもの精神的、身体的不調につながったという二次被害も報告されている（仲 2016: 156）。子どもの司法面接では、正確な情報をより多く引き出すことと子どもへの精神的負担を最小限にすることが両立するよう、工夫された方法を取ることが重要である。

1. 子どもの司法面接での質問形式

　司法面接においては、大人より誘導、暗示にかかりやすいと言われている子どもが対象の場合、細心の注意が必要である。特にありふれた出来事については、子どもの記憶は大人より早く薄れていくので、暗示による影響を受けやすいという（ボーグ他、藤川他監訳 2007: 101）。子どもを対象とする面接の際には、「誘導尋問に頼りすぎたり、質問を組み立てる時に子どもの発達レベルに注意を向けなかったりすると、不明瞭な応答や、面接官の暗示に汚染された応答が生じる」（アルドリッジ・ウッド 2012: 127）と指摘されているが、いかに誘導や暗示による情報の「汚染」を極力避けるかが、子どもの司法面接の大きな課題である。

Eades（2010: 85-88）は、「子どもは質問の仕方によっては、信頼のおける情報を提供する能力があるが、問題のある質問の形が多く存在する」と述べているが、以下、問題のある質問のパターンをいくつか挙げる。

1.1　不明瞭で混乱させやすい質問

不明瞭な質問は、大人でも趣旨を把握することは難しく、子どもの場合はより明瞭に具体的に尋ねないと理解されない。通訳を介した場合、子どもにわかり易く伝えようと通訳者が努力することが想定され、その場合、通訳者自身が質問を明確に理解していないと、自分の思い込みで誤った内容に変化させてしまうことがある。質問者は不明瞭な質問はすべきではないし、通訳者も、質問の趣旨を明確にするように、質問者に働きかけることが時には必要である。

1.1.1　「〜を覚えていますか（Do you remember 〜？）」という形式の質問

この質問形式では、Yes, No の答えが「覚えている」ことに対するものなのか、「覚えている内容」に対するものなのか、わからなくなる子どもが多いという。この質問に限らず、複文は避けたほうが無難である。複文の場合、第 2 章の公判での通訳に関する部分で述べた時制の混在の問題も起こりやすい。内容を複数の文に分けて尋ねるなどの工夫が必要である。

1.1.2　誘導につながりかねない示唆的な質問

仲（2010b: 2）は、オープン質問（「話してください」「それから？」等）に対する子どもの報告は比較的正確であるが、クローズ質問（選択肢型の質問等）、付加疑問文（〜でしょう、〜ですね）は子どもの答えを誘導しやすいことをガイドラインとして示している。第 2 章の公判での反対尋問の解説の箇所で述べたように、英語の通訳を通すと、付加疑問文はかなり強制的、支配的な表現になってしまう可能性もあり、被面接者の子どもに必要以上の圧迫を与え、より誘導的になるかもしれない。

1.1.3　受動態

第 3 章の取り調べ通訳の箇所で述べたが、受動態は、能動態に直して訳さないとうまく伝わらない言語がある。それとは別に、子どもの場合、受動態を理解できるようになるのは 10 歳から 13 歳であるという（ボーグ他、藤川他監訳 2007: 38）。幼い子どもを対象にする面接では、受動態は避けるべきである。通訳者にとっても受動態は行為者が明確に示されないことから、状況が把握しにくく、訳しにくいことがある。

1.1.4　「なぜ」「いつ」「どのように」の質問

仲（2001: 80）は、子どもの証人に対する法廷での裁判官、検察官、弁護人の質問パターンの比較研究を行っているが、短く、WH のある質問、節や否定、付加疑問が少ない質問において、子どもから文による答え（子ども自身の情報発信）が生じやすいと結論付けている。ただし、WH のある質問でも、「どこで（Where）」「何が（What）」「誰が（Who）」に比べ、「なぜ（Why）」「いつ（When）」「どのように（How）」の質問には正確に答えられないという（仲 2010b: 1）。子どもは大人のように正確な時系列の把握ができない。また、「なぜ」を使うと、子どもが防御的になって自分の行動を正当化したり、認識力が低い幼い子どもには答えることができなかったりする（ボーグ他、藤川他監訳 2007: 40）ので、避けたほうがよいとされている。これらの質問自体は通訳者にとって特に困難はない。しかし、それに対する子どもの答えや報告に整合性がなくなる可能性が高く、日本語のみでのやり取りに比べ、通訳を介するとはるかに多くの混乱が生じることが予想される。

その他、多義的な質問、否定疑問文、「こと」が入った複文など、第 2 章の公判での通訳に関する部分で示した通訳が困難な事例の多くは、そのまま子どもにとって不適切な質問の事例であるとされている。

2. 通訳者にとって訳しにくい表現

著者らは、科研費プロジェクト（挑戦的研究〔萌芽〕「日本語弱者の司

法面接法の検討：外国語通訳を介した子どもの証言の心理・通訳学的分析」〔研究課題番号：20K20707〕）の一環として、2022 年に通訳付き模擬司法面接を行った。3 名のプロの通訳者を使って、子どもの司法面接での訳出上の問題点を明らかにするのがこの模擬面接の目的である。参加した通訳者は 3 名とも会議通訳と司法通訳の経験が豊かで高いスキルを持った人材であったが、子どもを対象とする司法面接に特徴的に表れる語彙への対処に通訳の難しさを感じていることがわかった。

　実験では、英語を話す子どもの発言に出てくる単語を分析の対象としたが、逆に、そのような類の日本語の語彙を外国語に訳す場合も、同様の困難性が生じると推測される。実験で通訳者たちが訳しにくさを感じたのは、以下のような表現であった。ここでは英語の例を挙げる（この実験の詳細は、水野〔2023〕参照）。

2.1　子ども特有の語彙

・遊びに関わる語彙　　　すべり台　slide

　　　　　　　　　　　ブランコ　swing

　　　　　　　　　　　うんてい　monkey bar

　　　　　　　　　　　鬼ごっこ　tag

　　　　　　　　　　　　　　　　　　　　　など

・幼児言葉　　　　　　ゆびきりげんまん　pinky swear

　　　　　　　　　　　おしっこ　Nomber One

　　　　　　　　　　　ぽんぽん　tummy

　　　　　　　　　　　　　　　　　　　　　など

　上記のような遊びに関する言葉をはじめとする幼児言葉は、通常の通訳業務ではほとんど出てこないし、実際にその言葉が使われている環境でなければ出会うことは非常に少ない。英語圏での生活経験がない通訳者には、理解し訳すのが難しい表現も多いであろう。

2.2　性的表現や罵り表現

- ・性的表現　　おちんちん　winky、wee wee
　　　　　　　あそこ　privates（どちらも婉曲表現）
　　　　　　　　　　　　　など

- ・罵り言葉　　くそ　fuck、shit
　　　　　　　くそ女、あばずれ女　　bitch
　　　　　　　　　　　　　　など

　実験では、性的虐待の被害者となった子どもを対象とする模擬面接を行った。そのため、シナリオの中で上記の類の表現を頻繁に出現させた。罵り言葉は日本語にはあまり多くなく、上記のような例でも英語から日本語へ通訳する際に遭遇するケースがほとんどである。また、実際に、ニュアンス等を考えると、上記の訳語が正確に対応していると言うことは難しい。

　日本語を話さない外国人証人の尋問の場面に関する研究（中村 2008: 98）によると、「スラングのような非正規の発話や卑語などをありのまま訳すことは、通訳者のフェイス侵害行為（Face Threatening Act: FTA）（Goffman, 1972）になるため、通訳者は、法廷の場で他者に受け入れられたい、自らの顔をつぶしたくないという対人配慮のポライトネス方略が働き、FTA を回避」しようとするのではないかという。これは、ニュルンベルク裁判（第二次世界大戦に関するナチスドイツの戦争犯罪を裁いた国際軍事裁判）において女性の通訳者がスラング交じりの証言を訳すことができなかったため、交代を命じられた例（Gaiba 1998: 107）にも現れている。本実験での訳出に際しても、通訳者たちは性的表現や罵り言葉に対して心理的ハードルを感じたようであった。通訳者の一人は、司法通訳の経験が非常に長く、しかも強制わいせつ事件などの性犯罪に関わる事件を多く扱っていることから、性的表現や卑語の知識も多く、訳出の際の抵抗も少ないということであった。

2.3 文体や語彙のレベル

さらに、日本語から外国語への通訳という点で、この実験から明らかになったのは、普段成人を対象とする通訳業務に携わっている通訳者にとって、子どもにわかりやすい通訳をすることが難しいということである。特に会議通訳の経験が長いと、どうしても教育レベルの高い人たちの発話を訳すのに慣れているので、つい、高度な文体や語彙を使用してしまうという現象が起きる。今回、子どもに対する質問を訳す際に、子どもにとってはなじみの薄い語彙や表現を無意識に使ってしまった場面が見受けられた。以下、その例である。

「…してほしい」 You are requested to
「あなたの話したこと」（contents of）your atatement
「確かめる」 confirm
「だから」 therefore

実験では、実際の子どもの参加はなかったが、上記のような表現を使うと幼い子どもは戸惑うであろうし、多くの情報を引き出すことが難しくなると思われる。上記の表現なら、それぞれ、"I want you to", "what you said", "make sure", "so" のようなシンプルな形にした方が、子どもたちにうまく伝わるであろう。

3. 理解されにくい定型表現

2023 年度には、前述の科研費プロジェクトの一環で、日本語を十分に解さない 8 歳のウズベキスタン人の子どもたち 3 名に参加してもらい、NICHD プロトコール（第 1 章第 4 節参照）に従って模擬司法面接を行った。事前に店での万引きのシーンの動画を観た上で、その目撃者として面接を受けるという状況を設定した。ウズベク語母語話者の通訳者が、面接者の日本語をウズベク語に、子どもたちのウズベク語の発話を日本語に通訳した。この実験を通して問題が顕著に表れたのが、プロトコールの中のグラウンドルール「本当のことを言う練習」の場面であった。

　知らないことを推測で答えないようにするための練習として、面接者は以下のような質問をする。

　「私の飼っている犬の名前は何ですかと聞いたら、どう答えますか（何と言いますか）？」

　この質問に対しては「知りません」という答えが期待されているし、日本人の子どもを対象とする面接では、期待通りの答えが返ってくる場合がほとんどであるという。しかし、上記の模擬面接では、3 人の子ども全員が、答えるのに困難を感じたようであった。

　一人目は、ポーズの後、「私は犬を持っていない」と答えた。自分が知るはずのないことを聞かれることの意味がわからず、聞き間違えたのだと解釈し、質問者ではなく「自分の」犬の名前を聞かれたのだと思ったのであろう。

　2 人目は長いポーズの後、「いちご」と日本語で答えた。なんでもいいから何か答えなければならないのだと思い、たまたま知っていた日本の犬の名前を言ったのであろう。この実験の面接者は触れなかったが、Poole（2016: 91）が述べているように、最初に "We don't guess（想像して言わない、勝手に考えて言わない）" というルールについてひと言言及しておくことで、このような事態は防げるかもしれない。

　3 人目はポーズの後「○○さん（質問者）に犬の名前は何ですかと聞きます」と答えた。逆に質問者に犬の名前を聞くということである。「知らない」というのではなく、代わりに相手から教えてもらう、という方法を考えたのである。これに対して質問者は、「では、私の飼っている猫の名前は何ですかと聞いたら、何と言いますか？」と、犬を猫に変えて再び尋ねた。その後子どもは 1 分 20 秒という長い沈黙の後、非常に小さい声で「わかりません」と答えた。納得がいっていない様子であった。ウズベキスタン出身の通訳者からの情報によると、ウズベキスタンではペットとして飼うのは犬で、猫を飼う人はほとんどいないということである。そういう事情から、子どもはこの質問自体に、一種のカルチャーショック的戸惑

いを感じたのかもしれない。

　プロトコールにおける「私の飼っている犬の名前は何ですかと聞いたら、どう答えますか（何と言いますか）？」という問いは、もともと英語バージョンを日本語に直したものである。英語ではこの質問の形でも問題なく進行するのかもしれないが、どの言語であっても、この質問の意図は「勝手に想像して答えないための練習である」ということが理解されなければ、子どもには答えにくい。文章が複文であることによっても、わかりにくさが増していると思われる。また、「猫」の例が示すように、質問する際に文化背景を考慮することも重要である。

第 2 部

日本語の用語・表現と英語対訳

第1章
訳出困難な一般用語

　法廷での尋問や質問の場面のやり取りに出てくることが想定される、慣用表現や擬声語・擬態語を含めた、訳出が難しいと思われる日本語の一般用語を拾い出して、適切な英語訳について検討し、解説と対訳を試みた。方法は以下である。

対訳集作成方法
・シナリオ作成

　最高裁作成のプロモーションビデオ『評議』、『司法通訳』（渡辺・長尾・水野 2004）の中のシナリオ、実際の裁判傍聴での記録などを参考に作成。完全な創作によるものも多い。法廷に被告人や被害者家族などの日本語を解さない人がいることを前提に、証人尋問や被告人質問の部分を通訳人が英語に通訳するという状況を想定した。

　擬声語・擬態語、慣用表現、感情表現など、通訳が難しいと考えられる表現をなるべく多く盛り込もうとしたために、法廷でのやり取りとしては不自然な部分もあるが、目的は法廷でのやり取りの流れを分析することではなく、言葉や表現の1つ1つに対する訳出を検討することなので、問題ないと判断した。

・模擬法廷

　上記のシナリオを使って模擬法廷を行い、プロの通訳者に実際に訳していただき、それを録音したものを文字に起こす作業をした。

・対訳集作成

　模擬法廷での通訳者たちの訳出を参考に、どのような表現がどう難しいのかを分析しつつ、最も適切な訳出例について、辞書なども参考にしながら検討し、適宜、解説と通訳例も入れて対訳を作成した。また、通訳例はすべての語に付けてあるわけではない。

・英語表現の確認

　長年、日英の会議通訳や司法通訳の仕事に携わっている日英両言語のネイティブスピーカーである専門家に依頼し、対訳集の訳出表現についてその妥当性を検討していただき、より自然な英訳になるようにした。

　以上のようなプロセスで対訳を作成した。

　ここでは、最初にシナリオを載せて全体の流れがわかるようにしてある。問題となる用語や表現は下線を付けて太字で示し、番号を振ったので、対訳集の方の番号を参照していただければありがたい。対訳集は擬態語・擬声語、慣用表現など、項目ごとに「五十音順」になっている。なお、シナリオの別の箇所に同じ表現が出ている場合は、それにも下線および番号を付けた。

　なお、対訳集については、左側の「日本語表現と英訳」の欄には一般的かつ標準的な英訳を載せた。右側の「解説と訳例」のところには、必要に応じてその日本語表現の意味や解説を載せている。また（通訳例）では、かならずしも左側の欄に記載してある英語表現を使っているわけではない。（通訳例）は、模擬法廷で通訳者が訳したものを参考にするとともに、シナリオの文脈に適した訳出を試みたので、標準的な対訳として左側の欄に載せたものとは異なっている場合が多い。また、直訳ではなく等価訳を心がけ、日本語の表現が日本語話者に与える印象と、英語訳が英語話者に与える印象をできるだけ等しいものにするように工夫してある。例えば、日本語で「息子が世間を騒がせるようなことをして申し訳ありません」という被告人の親のセリフを "I apologize that my son has caused such a disturbance to the public." と訳すと、日本語をそのまま訳したことになるし、文法的にも間違っていない。しかし、英語話者がそのような英語を聞くと非常に違和感があり、意味がすっきりと伝わらない。「世間を騒がせる」という感覚がないからである。このような状況における親の言葉としては、英語では "I apologize for my son's actions." で十分であり、聞き手に与える効果はほとんど同じである。

　本書で提供されている英訳は一つの例に過ぎないし、これだけが適切な訳出であるというわけではない。語や表現は文脈に応じて意味やニュアン

スが変わるので、一つの参考例として扱っていただければ幸いである。

シナリオ

シナリオ 1　　殺人未遂事件（1）

最高裁のプロモーションビデオ『評議』のシナリオよりセリフを抜粋

事件のあらまし

中原という男性と同棲していた真由美が、中原の友人である朝倉と一度だけ関係を持ってしまった。朝倉は真由美に結婚しようと迫っている。そんな中、真由美と中原のアパートで朝倉と中原が鉢合わせをしてしまう。いたたまれなくなった真由美はアパートを飛び出す。中原が 2 人の関係について朝倉をとがめると、朝倉は、真由美の心はお前から離れている。悔しかったら力ずくで真由美を取り戻してみろと言う。真由美を追って外に出た朝倉を中原も追いかけるのだが、手には果物ナイフを持っている。外で 2 人はもみ合いになり、朝倉は中原を殴る。その後、真由美を追いかける朝倉の背中を中原がナイフで刺してしまう。中原は、朝倉が突然立ち止ったため、ナイフがたまたま刺さってしまったと供述。

証人尋問 （被告人の同棲相手への主尋問）

検察官：では、あなたと被告人、そして被害者の関係をお尋ねします。あなたは、被告人と同棲していながら、なぜ、被害者とも関係を持つようなことになったのですか。

証人　：私は中原さんとだったら、一緒に暮らしていけると思っていました。でも同棲を始めてから中原さんの仕事が忙しくなって、一人でいる時間が増えると、ふと、これでいいのかなと思うようになりました。別々に暮らしていた時よりもなんだかさみしくて、そんな時朝倉さんが現れて、毎日メールや電話をくれて、やさしくして（284）くれたんです。

検察官：それで朝倉さんと一度だけ関係を持ってしまったということですか。

証人　：はい。

検察官：その後どうなりましたか。

証人　：それから朝倉さんは「俺と結婚しよう」と何度も言うようになりました。でも、私は朝倉さんと、ずるずるとそうなって（27）しまうのはいやでした。

検察官：あなたがそのような気持ちでいる時に事件が起こったわけですね。

証人　：はい。

検察官：では、事件があった日のことをお尋ねします。あの日の夜、被告人と被害者があなたの部屋で鉢合せをした時、あなたが部屋を飛び出したのは被告人と別れたかったからですか。

証人　：いいえ、朝倉さんが私と関係を持ったことを中原さんに言ってしまったので、いたたまれなくなって（126）逃げ出してしまいました。

検察官：では、その後、A地点で被告人と被害者がもみ合っている（282）時、あなたはどこにいましたか。

証人　：二人のことが心配になって、このあたりまで戻りました。刺された場所からは10メートルぐらい離れていたと思います。

検察官：それではその時の被告人と被害者の状況について教えてください。

証人　：朝倉さんが中原さんの顔を一度殴り、中原さんはその場に倒れこみました。心配になって近づこうとすると、朝倉さんが「真由美」と、私に叫びながら、こちらに向かってきました。そのあ

と、中原さんもすぐに果物ナイフを拾って、朝倉さんのあとを追いかけてきました。

検察官：その際に被告人は被害者が急に立ち止まったので、ナイフが背中に刺さってしまったと供述していますが、その点についてはどうでしょう。

証人　：一瞬のことだったので、よくわかりません。

検察官：被告人はその直前に、「朝倉待て」と叫んだと言っていますが、これについてはどうですか。

証人　：言ったような気がします。でも、絶対に言ったかどうかと言われるとはっきりしません。すいません。

検察官：あなたが駆けつけた時、被害者はどういう状態だったか覚えていますか。

証人　：「やめて」と言いながら駆けつけると、朝倉さんは背中を押さえて痛そうにしていました。それで、あわてて中原さんから果物ナイフを取り上げました。

検察官：その時被告人は、どのように果物ナイフを持っていましたか。

証人　：このように右手で持っていました。

検察官：質問は以上です。

証人尋問 （被告人の同棲相手への反対尋問）

弁護人：被害者は、今後自分を選ぶか被告人を選ぶかは、婚約者であるあなたが決めるべきだと言いました。あなたの率直な気持ちをお聞かせください。

証人　：私は中原さんと婚約をしていながら、彼の親友である朝倉さんと一度だけ浮気をして（192）しまいました。朝倉さんは私のこと

を愛してくれていたと思います。でも、私は中原さんのことを愛していました。

弁護人：被害者の**情にほだされ**（76）、一度だけ関係を持ってしまったものの、それは恋愛感情ではなかったということですね。

証人　：朝倉さんにも心を引かれたことは否定しません。でも、もう一度やり直したい。私は中原さんとやり直したいです。

証人尋問 （被告人の同棲相手への再主尋問）

検察官：被告人は懲役で何年か刑務所に入る可能性があります。それでもあなたはやり直すと言い切れるんですか。

証人　：刑務所に入っても出てくるのを待ちます。私は今回の事件で自分の気持ちがはっきりとわかりました。私は……中原さんを愛しています。

被告人質問 （主質問）

弁護人：事件があった日の夜のことをお尋ねします。あなたが真由美さんと同棲していた部屋に帰ってきた時、被害者がいるのを見て、あなたがそれを咎めたということですが、被害者は、そのあと、どうしましたか。

被告人：朝倉さんは僕に、真由美とすでに関係を持ったことを話し、「真由美の**心はもうお前から離れている**（222）」「**悔しかったら**（143）**力ずくで**（157）取り返してみろ」「お前みたいな**意気地なし**（124）にできるわけないけどな」と言って部屋を出て行ったんです。

弁護人：その後、あなたも部屋を出ていますが、それは被害者に**仕返しをしよう**（228）としたからですか。

被告人：違います。僕は真由美のことが心配だったんです。このまま、どこかに行ってしまうんじゃないかって。朝倉さんと違って、僕は

中小企業のサラリーマンです。でも、真面目に一生懸命働いて、彼女を誰よりも幸せにしたかった。

弁護人：そうですか。あなたは部屋を出る時に果物ナイフを手にしています。それはなぜですか。

被告人：真由美のことを追いかけようと思ったんですが、朝倉さんに邪魔をされたらと不安になって。

弁護人：あなたは最初からナイフで被害者を刺すつもりだったんですか。

被告人：いえ、刺すつもりなんてありませんでした。ただ僕は朝倉さんに比べて体も小さいし、運動もあまり。だからもし彼に反撃されたらと思って、やむを得ずナイフを持ちました。

　被告人質問　（反対質問）

検察官：あなたは朝倉さんが真由美さんとすでに関係を持ったことを知ってどう思いましたか。真由美さんを取り戻したいと思いませんでしたか。

被告人：思いました。

検察官：だからあなたは台所にあった果物ナイフを持ち出したのではないんですか。朝倉さんを殺さなければ真由美さんを取り戻せないと考えたのではないんですか。

被告人：違います。絶対に違います。

検察官：では、なぜナイフを持ち出したんですか。

被告人：あいつが邪魔をしたらと思って…。

検察官：あなたは捜査段階で取り調べの警察官に対して「被害者を刺すつもりでナイフを持ち出した」と述べています。

被告人：あの時は、…混乱していたんです。

検察官：あなたは被害者に追いついたあと、被害者から逆に殴られて倒れましたね。

被告人：はい。

検察官：その時のあなたの気持ちはどうでしたか。

被告人：殴られて倒れる瞬間、真由美が見ているのがわかりました。すっごくみじめで（170）**悔しかった**（143）です。本当に**悔しかった**（143）。

検察官：それで、**カッとなって**（9）、朝倉さんを刺したのですか。

被告人：いいえ、持っていたナイフがたまたま刺さってしまったんです。

| 被告人質問 | （再主質問）

弁護人：あなたはこの事件後、勤めていた会社から解雇通知を受けていますね。

被告人：はい、クビになってしまいました。それに朝倉さんとの示談のために貯金も使ってしまいました。

弁護人：今、被害者に対してはどのように思っていますか。

被告人：被害者の朝倉さんに大けがを負わせてしまったことは、大変申し訳なく思っています。

弁護人：以上です。

シナリオ2　殺人未遂事件（2）

事件のあらまし

　被告人は日本でモデルなどの活動をしている外国人。バーで傷害事件を起こす。被告人が酒に酔って持っていたナイフで相手を刺し、全

治2カ月の重傷を負わせる。バーの従業員が警察に通報。その場から逃げていた被告人を路上で逮捕。罪名は殺人未遂。被告人は来日して半年余りでようやく日本での生活に慣れてきた頃だが、日本語はカタコト。酒グセが悪く、酒を飲むとまわりの人に絡む。おかしな日本語で罵倒したりするため相手とケンカになりそうになったことも何度もある。大抵はそばについているマネージャーが場を取り持っていたが、事件の日は被告人が一人でバーに出かけていた。被害者は元暴走族。被告人は同席していた暴走族仲間と小競り合いになっていた様子。被告人は、被害者が先に殴った、大勢に囲まれ、やられそうになって怖かったので、脅すためにナイフを出しただけ、刺すつもりはなかった、なぜ被害者に刺さってしまったのか酔っていたのでよく覚えていないと供述。

| 証人尋問 | （バーの店主への主尋問）

検察官：被害者のグループは元暴走族だったことを知っていましたか。

証人　：かつてはこのあたりに**にらみを利かせて（96）**いたと聞いています。ウチの常連さんだがこれまでに特に問題を起こしたことはありませんでしたね。

検察官：被告人は外国人で目立ったのではないですか。

証人　：ウチは外人さんも多いので。

検察官：被告人はどんなふうに飲んでいたんですか。

証人　：一人で**ふらっと入って来て（46）**、テキーラを注文したんです。もう来た時からかなり**出来上がっている（86）**感じで、何か**ブツブツとくだを巻いている（44）**感じでした。そのうち、被害者のグループと合流して一緒のテーブルで飲んでいたようです。**ふざけ合って（263）**んだか、**絡んでる（203）**んだか、なんか変な感じではじめは**内輪もめ（190）**かと思ってあまり注意して見ていませんでした。

検察官：被害者が刺されたことはどの時点で気付いたのですか。

証人　：なんか４〜５人が外人さんを取り囲んで**ワーワーと大声で（59）****小突き合って（224）**いたんで、店の中で乱闘は困ると止めに入ろうとカウンターから出てホールに回ったんです。

検察官：被告人と被害者グループは何語で怒鳴り合っていたんですか。

証人　：日本語だったように記憶しています。

検察官：何と言っていましたか。

証人　：**なんだと、このやろう（296）**、おめえのような外人は**うぜえんだよ（293）**。俺らを**コケにしやがって（294）**とか。**何様のつもりだ（295）**。**ヤキ入れてやる（297）**とか。正確なことばははっきりとは覚えていませんが。

検察官：被告人はなんと言っていましたか。

証人　：う〜ん。英語でも何か**わめいて（291）**いたような感じでしたかね。

検察官：意味はわかりましたか。

証人　：**悪態をついて（177）**いるということはわかりますよ。

検察官：で、どうなりました。

証人　：外人さんが**すごい剣幕（152）**で、もう**目が据わっている（115）**感じで、被害者グループの一人の**胸倉をつかんで（277）**、**げんこつを振り上げた（218）**ところで被害者から**横っ面を殴られ（286）****てのけぞった（248）**んです。

検察官：で、どうなりました。

証人　：床に倒れて、起き上がり**しな（298）**にあたまから殴ったやつに突っ込んで行ったんです。

検察官：で、どうなりました。

証人　：その人が<u>ウワッと声をあげ（2）</u>て後ろに<u>もんどりうってひっく</u>
　　　　<u>り返った（283）</u>ようでした。脇腹のあたりから、すぐに血が<u>ド</u>
　　　　<u>クドクと出（34）</u>始めました。

検察官：被告人が刺す瞬間は見ましたか。

証人　：見ていません。<u>あっという間の（123）</u>出来事だったんで。気付
　　　　いた時にはもう血が出ていて…。

検察官：で、どうしましたか。

証人　：これは<u>やばいことになった（285）</u>と思いました。私も<u>気が動転</u>
　　　　<u>して（205）</u>どうなったかよく覚えていませんが、とりあえず店
　　　　の従業員に救急車を呼ぶように言いました。被害者の仲間が傷口
　　　　を押さえていたようでした。名前を呼んでたみたいですが、意識
　　　　はなかったようですね。

検察官：被告人はどうしましたか。

証人　：あわてて出て行きました。<u>逃がしちゃまずいと思って（271）</u>私
　　　　もすぐに後を追って外へ出ました。

検察官：どうなりましたか。

証人　：店から 20 メートくらい先の四つ角で<u>しゃがみこんで（229）</u>い
　　　　ました。そこへ救急車が来て、パトカーも来たんです。

――――――――――――――――――――――――――――――――――

| 証人尋問 |（マネージャーへの反対尋問）

検察官：被告人は酒を飲むと<u>絡む（203）</u>くせがあることを知っていまし
　　　　たね。

証人　：<u>絡む（203）</u>というか…ちょっと<u>ちょっかいを出す（85）</u>という
　　　　か、変な日本語で<u>ズケズケとモノを言う（25）</u>ところがありま
　　　　した。

検察官：因縁を付け（64）ては相手を怒らせるわけですね。それであな
　　　　たは酒が飲めないのに苦肉の策（72）として被告人の飲み屋通
　　　　いにいつも付いていって目を光らせて（116）いたのですね。
証人　：そうです。

検察官：暴力をふるう（269）ことがありましたね。
証人　：暴力というほどでは…多少言い合いになったりすることがあった
　　　　りする程度で…たしなめて（236）はいたんですけど。

検察官：当日は一人で行かせたのですね。
証人　：今夜は外出しないと言ったので。

検察官：あなたに嘘をついて出て行ったのですね。被告人を好き放題にさ
　　　　せて（231）いたんですか。
証人　：何か問題を起こせば当然契約を白紙に戻す（100）と何度も警告
　　　　しました。

検察官：あなたは不良外人の扱いに手をこまねいて（88）いたんじゃな
　　　　いですか。いつも尻拭いをさせられ（78）ていたのではないで
　　　　すか。
証人　：まあ、それもマネージャーの仕事ですから。

検察官：仕事ぶり（148）はどうでしたか。
証人　：なかなか芯が強い（151）ところもあって、厳しい状況でも弱音
　　　　を吐き（289）ませんでしたね。

検察官：雑誌などのモデルをやっているということでしたが、人気はあっ
　　　　たんですか。
証人　：最近は徐々に人気も出てきて評判になりつつあったんです。

検察官：少し人気が出てきて**いい気になって**（186）いたんじゃないです
　　　　か。**驕りもあった**（196）のではないですか。

証人　：いえ、そんなことは。**仕事ぶり**（148）はきちんとしていました
　　　　し、**律儀な**（175）ところもあり**根は真面目**（162）なんです。

検察官：今こんなことになってどう思っていますか。

証人　：私の監督不行き届きです。期待していただけに、**無念です**（172）。

シナリオ 3　　殺人未遂事件（3）

事件のあらまし

　外国人の英会話講師が、人妻である生徒に熱を上げる。そして、彼
女が夫からひどい扱いを受けていると思いこみ、ますます彼女にしつ
こく付きまとう。そのようなストーカーまがいのことをした挙句、そ
の女性の自宅の前でその夫をナイフで刺して重傷を負わせてしまう。

証人尋問 （被告人の友人への主尋問）

検察官：あなたと被告人との関係は。

証人　：私は被告人の友人でした。

検察官：今回の傷害事件の経緯についてお聞きします。被告人は被害者の
　　　　田中さんとはどういう関係でしたか。

証人　：エリックが教えていた英会話学校の中級クラスに田中さんの奥さん
　　　　が生徒として入ってきたのです。そこで親しくなったようでした。

検察官：被告人は田中さんの奥さんに対してどのような気持ちを持ってい
　　　　ましたか。

証人　：エリックは、陽子さん、あ、田中さんの奥さんの名前です。陽子
　　　　さんに初めて会った時から好意を持っていたようです。本人から

聞いたのですが、美人でしとやかな（149）人で、**憧れの（122）**気持ちを持っていたようです。一度、授業の後にお茶に誘ったそうです。最大4人のクラスだったのですが、その日は陽子さんしか出席していなかったので、チャンスだと思ったようです。陽子さんも誘いを受け、2人で2時間くらい話をしたそうです。陽子さんも自分に**気がある（204）**みたいだと、**有頂天になって（65）**いました。それ以来、エリックは、ますます陽子さんに**ぞっこん惚れ込んで（234）**しまったんです。

検察官：その後の交際については、被告人から何か聞いていますか。

証人：エリックに対してはいつも**ほがらか（169）**に接してくれるんですが、なかなか積極的な付き合いには発展しなかったようです。そして、授業中に人妻だとわかったことがあり、その時には、かなりショックを受けたようですが、もう**抜き差しならない（98）**気持ちになっていて、**あきらめきれない（121）**思いで、**切ない（154）**毎日を過ごしていたわけです。

検察官：そういう状態はいつまでも続かなかったわけですね。

証人：はい。たしか5月の連休中だったと思いますが、エリックは三越デパートで陽子さんとご主人の田中さんを偶然見かけたということがありました。その日、私と会う約束をしていましたが、待ち合わせのレストランで私と顔を合わせると、たいへん**慣慨した（265）**様子で、「あいつは許せない」というようなことを言うのです。一体どうしたのか聞くと、「陽子さんの夫は、とんでもないやつだ。デパートで何が**気に食わない（139）**のか、陽子さんを怒鳴りつけていた」と言っていました。陽子さんは**可哀そうに（136）**、**おどおどして（4）**いたので、何とか助けたいと思ってそばに寄っていったらしいんですが、エリックに気付いた陽子さんは、あわてた様子で、エリックのことをまったく知らない人のように目をそらして背を向けたそうです。夫に遠慮している彼女

が<u>痛々しい（125）</u>というようなことを言っていました。

検察官：その話をしている時の被告人はどんな<u>様子（300）</u>でしたか。

証人　：どうしてそこまで<u>憤慨する（265）</u>のかちょっと意外に思ったのですが、陽子さんに対して、気持ちの上で相当<u>のめり込んで（250）</u>いたんでしょうね。陽子さんはきっと家で夫に<u>ひどい目にあって（259）</u>いるに違いないとか、<u>可哀そう（136）</u>だから自分が何とかしなくては、というようなことを口走っていました。

検察官：あなたはそれに対してどう思いましたか。

証人　：エリックがあまりに極端な気がしました。<u>夢中になっている（276）</u>からといって、ちょっとおかしいんではないかと思いました。それで、陽子さんが<u>ひどい目にあって（259）</u>いるなんて、<u>取り越し苦労（91）</u>をしない方がいいと言いました。でも、私の言うことなど耳に入らない感じで、同じようなことばかり言うので、エリックの<u>ヤバい（174）</u>一面を見た気がして、<u>うんざりしました（193）</u>。

検察官：その後、何か変わったことはありましたか。

証人　：数日後にエリックに会った時に聞いたのですが、あんな夫とは別れて自分と付き合ってくれないかと陽子さんに<u>迫った（232）</u>らしく、そういう極端な行動には<u>度肝を抜かれる（89）</u>というか、<u>あっけにとられ（62）</u>ました。この人普通じゃないと思いました。あまり付き合わない方がいいとも感じました。

検察官：あなたはそれ以降も被告人とは会っていましたか。

証人　：いいえ。<u>ヤバい（174）</u>人だと思ったので、エリックが誘ってきても、理由を付けては会わないようにしていました。<u>愛想を尽かした（60）</u>と言っていいと思います。

検察官：今回、被告人が陽子さんの夫である被害者の田中さんをナイフで

刺すという事件が起こったわけですが、それについてはどう思われ
ますか。

証人　：エリックがそこまでするとは思いませんでした。**自暴自棄になっ
て（75）**しまったんでしょうね。もう少しエリックの話を聞い
てあげたりしていたら、こんな最悪のことにならなかったかもし
れないと思うと、**面目ない（173）**気持ちです。

証人尋問 （被害者の妻で被告人がストーカー行為を働いていた女性への
　　　　主尋問）

検察官：あなたと被告人の関係についてお尋ねします。被告人とどのよう
に知り合いましたか。

証人　：私が通っていた英会話学校の先生でした。

検察官：どのような先生でしたか。

証人　：とても**愛想がよく（119）**、授業も**和やかな（159）**雰囲気でした。

検察官：あなたに対しては、どのような接し方をしていましたか。

証人　：最初は普通だったのですが、一度お茶を一緒に飲んだころから、
ちょっと変だなと思うようになりました。

検察官：お茶にはどちらが誘ったのですか。

証人　：エリック先生の方でした。たまたま授業で私一人だったんで。

検察官：あなたは喜んで誘いを受けたのですか。

証人　：まあ、そうですね。先生と個人的に話をする機会はうれしいです
から。

検察官：さっき、ちょっと変だなと思うようになったと言われましたが、
それはどういうことですか。

証人　：その時から、授業中でも私を**見る目が変わった（273）**という

か、**熱っぽい（161）**感じで。それに、またお茶に誘われました
が、断りました。

検察官：被告人には何か言いましたか。

証人　：はい、直接ではないですが、英会話の授業中に、**さりげなく
（146）**私は結婚していることを言いました。

検察官：それを聞いて、被告人は**どういう様子（300）**でしたか。

証人　：ちょっと**顔色が変わった（201）**ようでしたが、そのまま授業を
続けました。

検察官：その後、どうなりましたか。

証人　：その後も何回かお茶に誘われましたが、口実を作って断りました。

検察官：ところで、あなたがご主人とデパートにいる時に被告人に会った
ということがありましたね。

証人　：はい。

検察官：その時、あなたとご主人は何をしていましたか。

証人　：夫の友人のところに赤ちゃんが生まれたので、お祝いの品を買お
うとしていたのですが、肝心の住所を書いた紙を私が家に置き忘
れてしまったので、夫が文句を言っていました。

検察官：ご主人はなんと言っていたのですか。

証人　：せっかく品物を選んだのに、住所がなくて送れない。お前は**ぼん
やりして（54）**いるから、こういうことになるんだ、というよ
うなことを言っていました。

検察官：ご主人はあなたを怒鳴りつけていましたか。

証人　：そんなことはありません。声は大きい人ですが、**口調がきつい**

（142）こともないですし。

検察官：被告人は、あなたはご主人に対して**気兼ねをして**（206）いて**不
　　　　憫だ**（168）と友人に言っていたようですが、そうなんですか。
証人　：別に、そういうことはありません。その時も、平気でした。

検察官：あなたとご主人がそういうやり取りをしている時に被告人がやっ
　　　　てきたのですね。
証人　：はい。私たちの方にやってくるのが見えましたが、あまり会いた
　　　　くなかったので、気付かないふりをし、夫の腕を取って、その場
　　　　を離れました。

検察官：その後、なにか変わったことがありましたか。
証人　：はい、数日後に英会話学校で会った時に、変なことを言われまし
　　　　た。あなたはご主人に**ひどい目にあって**（259）いて**可哀そう**
　　　　（136）だと言うんです。何のことやら、**キツネにつままれた**
　　　　（70）ような気がしましたが、ああ、あのデパートでのことを何
　　　　か勘違いしているんだなと思いました。そして、そのあと、夫と
　　　　別れて自分と付き合ってほしいと言われ、この人は完全におかし
　　　　いと思いました。**思い込みが激しい**（132）というか…。とにか
　　　　くそういう話をしつこく言うので**閉口しました**（266）。

検察官：それであなたはどうしましたか。
証人　：適当に**あしらって**（180）、家に帰りました。

検察官：その後、どうなりましたか。
証人　：彼の顔を見るだけで、**虫唾が走る**（112）ようになり、英会話学
　　　　校の授業の日程を変えてもらいました。

検察官：それに対して被告人はどうしましたか。

証人　：私の授業が終わると学校の外にいて、声をかけてくることが度々
　　　　あり、これから一緒にどこかへ行こうというようなことを言うの
　　　　で、ほとほと弱り切って（53）いましたし、学校に通うのも戦々
　　　　恐々とし（82）ていました。でも、一度、意を決して（63）私
　　　　のことを待っているようなことはやめてくれと言いました。

検察官：すると被告人はどうしましたか。

証人　：最初、うじうじして（1）いましたが、私のことを愛してるとか言
　　　　い始めました。でも、たまたま、そこに英会話学校の他の先生が
　　　　通りかかり、こちらをじっと見たので、さすがにばつが悪い（101）
　　　　と思ったのか、その日はすごすごと帰って（26）行きました。そ
　　　　れ以降、学校の外で待っているようなこともなくなりました。

検察官：その後の被告人の行動ですが、何か変わったことはありませんで
　　　　したか。

証人　：直接にはありませんが、一度、家に帰る時に誰かに後を付けられ
　　　　ているような気がしたことがありました。

検察官：それは被告人だと思いますか。

弁護人：異議あり。検察官の勝手な憶測を証人に押し付けています。

裁判長：異議を認めます。

検察官：では、事件の起こった日のことを聞きます。あなたは、その日の
　　　　夕方 7 時ごろ、どこにいましたか。

証人　：家にいました。

検察官：家で何をしていましたか。

証人　：食事の支度をしながら夫が帰ってくるのを待っていました。

検察官：そして、何か起こりましたか。

証人　：はい。急に家の外が騒がしいというか、誰かが怒ってどなりあう
　　　　ような声が聞こえました。

検察官：それであなたはどうしましたか。

証人　：夫の帰る時間なので、気になって玄関から外をのぞきました。

検察官：何が見えましたか。

証人　：家の前の道路にいる夫の後ろ姿と、<u>もみ合って（282）</u>いる男の
　　　　顔が見えました。

検察官：図で言うと、①の地点ですね。

証人　：はい、そうです。

検察官：誰か、すぐにわかりましたか。

証人　：何事かと<u>目を凝らす（280）</u>と、エリック先生だとわかりました。

検察官：ここにいる被告人ですね。

証人　：はい、そうです。

検察官：被告人は何をしていたんですか。

証人　：夫の<u>胸ぐらをつかんで（277）</u>、英語でわめいていました。

検察官：何と言っていたのですか。

証人　：全部聞き取れたわけではないのですが、「陽子はお前にはふさわ
　　　　しくない」とか、「陽子を自由にしろ」とか言っていました。

検察官：それに対してご主人はどうしていましたか。

証人　：夫は英語はわからないし、一体何を言われているのか<u>キョトンと
　　　　して（16）</u>いましたが、もともと<u>血の気が多い（83）</u>性格なの

で、相手の態度に**ブチ切れた**（264）んでしょう。大声でわめく
と、相手を力任せに突き飛ばしました。

検察官：被告人はどうなりましたか。

証人　：**尻もちをつき**（79）ました。

検察官：そのあと、どうなりましたか。

証人　：被告人がポケットから何か取り出しましたが、それがナイフだと
　　　　わかり、私は**血の気が引く**（238）思いで、**足がぶるぶるし**
　　　　（48）、**腰が抜け**（73）そうになりました。

検察官：被告人はどんな**様子**（300）でしたか。

証人　：目が異様に**ぎらぎらして**（17）、「**イッちゃってる**（127）」とい
　　　　う感じでしたので、とても怖くて、声も出ませんでした。

検察官：ご主人はどうしましたか。

証人　：ナイフに気付くと**ぎょっとして**（14）、**後ずさりをし**（184）な
　　　　がら家のほうを振り向いたんですが、私の姿をみると、大声で
　　　　「陽子、警察を呼べ」と叫びました。

検察官：あなたはどうしましたか。

証人　：**はっとして**（37）、あわてて電話の方に走りました。

検察官：それで、どうなりましたか。

証人　：110 番したんですが、話している間も、夫がどうなっているか、
　　　　気が気ではなかった（69）ですが、電話が終わった瞬間くらい
　　　　に、「**わーっ」という声**（58）が聞こえました。

検察官：誰の声でしたか。

証人　：夫です。

検察官：あなたはどうしましたか。

証人　：玄関のほうを振り向くと、夫がお腹を押さえながら、玄関の中に倒れこんできました。

検察官：ご主人は**どんな様子（300）**でしたか。

証人　：顔が真っ青になっていて、ワイシャツのお腹のところが血まみれでした。

検察官：あなたはどうしましたか。

証人　：夫に駆け寄ろうとしましたが、外に被告人が突っ立っているのが見え、<u>足がすくみ（179）</u>ました。

検察官：被告人は、<u>どんな様子（300）</u>でしたか。

証人　：<u>茫然自失（109）</u>という感じで、ぼんやりしていましたが、パトカーのサイレンが聞こえてきたので、<u>はっと我に返り（39）</u>、ナイフを放り出して、逃げて行きました。

検察官：被告人が逃げて行ったのは、図で示すと、どの方向ですか。

証人　：こちらです。

検察官：被告人は間もなく警察に逮捕されて、このように裁判が行われているわけですが、あなたの今の気持ちはどうですか。

証人　：自分勝手な思い込みで、大切な夫は大けがをさせられました。命は助かったものの、私のためにこんな目に遭った夫のことを思うと、<u>胸が詰まり（278）</u>ます。被告人の行為は、絶対に許せません。

検察官：以上です。

証人尋問 （同上　反対尋問）

弁護人：弁護人からお尋ねします。あなたと被告人の関係ですが、あなた

　　　　　は被告人に誘われてお茶を飲みに行ったわけですが、どうしてそ
　　　　　のような誘いに乗ったんですか。

証人　：ただお茶を飲むだけですし、他の生徒も先生と喫茶店に行ったり
　　　　することはよくありますから。

弁護人：でも、あなたは被告人に自分が結婚していることも言っていな
　　　　かったようですが、それはどうしてですか。

証人　：そんなプライバシーに関わることを話す必要はないと思っていま
　　　　した。

弁護人：でも、それで被告人はあなたと付き合うチャンスがあると思った
　　　　ということですよ。それに、あなたは大変楽しそうに被告人と話
　　　　をしていたようですが、最初は被告人に対して**好意を持って**
　　　　(219) いたのではないですか。

証人　：別に、好意というほどのものではないですが、いい先生だと思っ
　　　　ていたので、普通に楽しく話をしていました。

弁護人：被告人はごらんの通り、ハンサムですよね。女性の生徒に人気が
　　　　高かったそうですが、あなたも**心を惹かれた（223）**のではない
　　　　んですか。

証人　：ハンサムだとは思っていました。

弁護人：だから、誘いに乗って被告人を**その気にさせた（235）**というこ
　　　　とはないですか。

証人　：**その気にさせる（235）**だなんて、考えてもみませんでした。

弁護人：では、個人的に話をしているうちに、**憎からず思う（247）**よう
　　　　になったということではないでしょうか。

証人　：いいえ。それに、その時一度喫茶店に行っただけで、その後は 2
　　　　人だけになることはありませんでした。

弁護人：さきほど、あなたは、被告人の自分を見る目が変わって（273）、ちょっと普通じゃないと感じ、避けるようにしたというようなことを言っておられましたが、その後も、付きまとわれる（240）のは迷惑だと言うように、きっぱりとした（138）態度は取っていないですね。

証人　：はい。でも、誘いは断っていました。

弁護人：断り方ですが、あなたと付き合いたくないとはっきり言いましたか。

証人　：いいえ。時間がないとか、用事があるというように断っていました。

弁護人：そういうあなたの煮え切らない態度（95）やじれったさ（150）を、被告人は、日本女性のしおらしさ（147）だと思い、まだ脈がある（110）と思ったのではないですか。

証人　：そんなことは私にはわかりません。

弁護人：言ってみれば、思わせぶりな（134）態度を取り続け、被告人を蛇の生殺し（108）のような状態に置いていたのではないですか。

証人　：そんなつもりはありませんでした。

弁護人：では、あなたとご主人との関係ですが、デパートで、被告人が見ていて気をもむ（214）ほどもめていたということですが、関係がぎくしゃくして（12）いるというようなことはありませんでしたか。

証人　：いいえ。

弁護人：デパートのような公共の場で大声であなたをなじる（245）ようなご主人に対して、忌々しく（128）思うこともあったのではないですか。

証人　　：それは、時々、むっとする（55）ことはありました。

弁護人：ハンサムな被告人と付き合うことで日頃の不満の憂さ晴らしをする（188）とか、ご主人に対し、溜飲を下げる（118）というような気持ちがあって、被告人に気を持たせる（71）ような態度を取っていたのではないですか。

証人　　：そんなことは絶対にありません。英会話学校でのクラスも変えてもらいましたし、自分を待っているようなことはやめてほしいとも言いました。

弁護人：それはずいぶん後になってからのことですよね。あなたに人妻としてのたしなみ（156）があり、もっと早く適切な行動を取っていたら、被告人をここまで思いつめる（200）ようなことにはならなかったのではないですか。

検察官：異議あり。不当に証人の人格を貶める（197）発言です。

裁判長：異議を認めます。

弁護人：以上です。

シナリオ4　　殺人未遂事件（4）

事件のあらまし

　機械の部品を作っている下請け工場に雇われていた外国人の勤務態度が悪く、雇い主はずっと我慢してきた。ある日、禁煙の場所でタバコを吸いながら、仕事をサボっているのを見て、もう我慢できなくなり、それを注意した。すると、その外国人は逆切れして、スパナで殴りつけた。他の日本人従業員に取り押さえられるが、雇い主は、肩に

全治 3 カ月の重傷を負った。

| 証人尋問 | （被告人の雇い主である被害者への主尋問）

検察官：事件当日のことをお尋ねします。あなたは、その日の仕事のあ
　　　　と、被告人の**仕事ぶり（148）**について、注意したということで
　　　　すが、被告人は普段どのような**仕事ぶり（148）**だったんですか。

証　人：私やほかの人間が見ていないと、まじめに仕事をしないんです
　　　　よ。チャンスさえあれば、**サボる（227）**と言うんでしょうか。
　　　　一度、こっそり見ていたことがあったのですが、人がいないとわ
　　　　かると、さっそくしゃがみ込んで、**ボーっとしている（52）**ん
　　　　です。**目もとろんとして（35）**いて、完全に**ダレて（237）**いる
　　　　んですよ。その時も、私が出て行くと、急に立ち上がって**そわそ
　　　　わした（30）**様子で、でも、特に**悪びれた（292）**様子もなく、
　　　　すぐに仕事にかかるわけではありません。注意をしようと思った
　　　　んですが、外国人だし、あまり**ガミガミ言って（10）**も**へそを
　　　　曲げられ（107）**て逆効果かなと思い、その日は黙っていました。

検察官：事件当日はどうだったんですか。

証　人：やっぱり、人がいなくなったら**サボって（227）**いたようです
　　　　が、私が見た時にはタバコを吸っていたんです。作業場は禁煙な
　　　　ので、さすがに私も注意しました。

検察官：何と言って注意しましたか。

証　人：ここは禁煙だ。タバコを吸ってはいけないことは知っているだろ
　　　　う、と言いました。

検察官：被告人はそう言われてどうしましたか。

証　人：日本語も完ぺきにわかるわけではないですけど、タバコを吸う動
　　　　作をしながら注意したので、わかったと思います。でも、**未練が
　　　　ましく（171）**タバコを見ていて、すぐに消そうとせず、**ぐずぐ**

ずして（19）いました。私が、早く消せと言ったら、**チッと舌打ちをして（32）**、**しぶしぶ（22）**消しました。

検察官：それを見てあなたはどう思いましたか。

証人　：その態度には**カチンときました（7）**し、**むかついた（275）**というか、**胸糞が悪く（113）**なって、つい、声を荒げて怒りました。

検察官：具体的には何と言ったんですか。

証人　：お前の態度にはずっと我慢をしてきたけど、もう**堪忍袋の緒が切れた（68）**。いいかげんにしないとクビにする、というようなことを言ったと思います。

検察官：それを日本語で言ったんですか。

証人　：はい。

検察官：被告人には通じていたんですか。

証人　：**堪忍袋の緒が切れた（68）**、なんていう言葉は通じなかったでしょうね。でも、私の剣幕には**たじたじとした（31）**ようでしたし、ちょっと**ろうばいして（290）**いるようで、**目をパチクリさせて（36）**いました。

検察官：そのあとどうなりましたか。

証人　：急に機嫌を取るように**へらへら笑って（51）**「ごめん、ごめん」などと言うものですから、こちらとしては、**馬鹿にされた（253）**というか、**見くびられた（272）**ように感じ、**腹にすえかねて（102）**「もうやめてもらう」と言いました。

検察官：すると被告人はどうしましたか。

証人　：やめてもいいけど、お金をくれと、**臆面もなく（66）**、**しゃあしゃあと言う（23）**ので、こちらとしては、本当に**はらわたが**

<u>煮えくりかえる（104）</u>思いがしました。

検察官：それであなたは何と言ったのですか。

証人　：おまえのような不真面目な奴にやる金はない、というような意味
　　　　のことを言いました。

検察官：それを聞いて被告人はどうしましたか。

証人　：顔がだんだん赤くなってきました。<u>のぼせ上がって（249）</u>きたと
　　　　いうか、<u>逆上し（211）</u>はじめたというか、急に態度が変わったの
　　　　です。何か英語でぶつぶつ<u>悪態をついて（42）</u>いましたが、<u>腹立</u>
　　　　<u>ち紛れ（163）</u>というような感じで、積んであった商品のケースを
　　　　蹴飛ばし始めました。それでも<u>腹の虫がおさまらない（103）</u>よう
　　　　で、棚の上にあったスパナを持って、私の方にやってきたんです。

検察官：それを見て、あなたはどう思いましたか。

証人　：スパナでなぐられる、あぶない、と思いました。

検察官：被告人はどのような<u>様子（300）</u>でしたか。

証人　：<u>目が据わって（115）</u>いて、口元が笑っているような<u>不気味な</u>
　　　　<u>（167）</u>表情をしていました。

検察官：その時のあなたの気持ちを教えてください。

証人　：<u>ぞっとし（29）</u>ました。被告人の表情には<u>鳥肌が立ち（92）</u>ま
　　　　したし、緊張して<u>冷や汗が出ました（262）</u>。

検察官：被告人はどうしましたか。

証人　：私の方に向かって来て、スパナを振り上げました。

検察官：あなたはどうしましたか。

証人　：一瞬<u>足がすくみ（179）</u>ましたが、なんとか逃げようとしまし

た。背中を向けたら危ないと思ったので、**後ずさりをし（184）**ながら、**半身になって（256）**手を出して振りおろしてくるスパナをつかもうとしました。

検察官：被告人は実際にあなたを殴ろうとしたのですね。

証人　：はい。スパナを振り下ろしてきたので、頭を殴られてはたまらないと思い、被告人の手をつかもうとしましたが、つかみ切れず、肩を殴られました。

検察官：被告人はどちらの手を使いましたか。

証人　：右手です。

検察官：あなたは、どちらの手で防ごうとしたのですか。

証人　：両手です。

検察官：両手で被告人の右手を押さえようとしたのですね。

証人　：はい。

検察官：肩に当たったということですが、どのようになったのかを詳しく話してください。

証人　：被告人がスパナを振り上げたので、**ヤバい（174）**と思い、後ずさりしながら、両手で被告人の手首のあたりをつかまえとうとしましたが、勢いが付いていたので、抑えきれず、**とっさに（158）**、首を傾けて頭を守ろうとしました。そうしたら、私の右肩にスパナが当たり、激痛が走りました。「やめろ」と叫んで逃げようとしましたが、被告人はさらにスパナを振り上げて殴ってきました。私は手がしびれて、手では防げないと思ったので、とにかく逃げようと、被告人には背中を見せる形でしたが、**無我夢中で（111）**走ろうとしましたが、背を向けた途端、背中にも激痛があり、スパナが当たったことがわかりました。そして、私は

そのまま倒れ込みました。倒れたあと振り向くと被告人が手にスパナを持ってまた振り上げようとするのが見えました。

検察官：その時の、あなたの気持ちはどんなでしたか。

証人　：殺されると思いました。被告人の<u>形相（140）</u>もとにかくすごかったですし、体中が<u>がたがた震えて（5）</u>いました。

検察官：そしてどうなりましたか。

証人　：また殴られる、と思って目をつむってしまいましたが、気が付くと、被告人を従業員の山田さんがうしろから<u>羽交い締めにして（252）</u>いるのが見えました。「何を<u>血迷って（84）</u>いるんだ」と叫んで、<u>ぎゅうぎゅう押さえて（13）</u>いました。

検察官：山田さんは、いつからそこにいたのですか。

証人　：取引先に商品を届けに行っていたのです。ちょうどその時、作業場に帰ってきたということでした。

検察官：山田さんに<u>羽交い締めにされて（252）</u>いる間、被告人はどうしていましたか。

証人　：暴れて、振りほどこうとしていました。でも、山田さんは柔道の有段者で、<u>ガタイもしっかりしており（135）</u>、結局被告人は地面に倒されて取り押さえられ、スパナも取り上げられました。

検察官：被告人はどんな<u>様子（300）</u>でしたか。

証人　：押さえつけられて、急に気持ちが<u>萎えた（243）</u>のか、<u>がっくりした（8）</u>様子で、おとなしくしていました。

検察官：それであなたはどうしたのですか。

証人　：被告人が取り押さえられたので、<u>やれやれと思った（56）</u>とたん、肩や背中のひどい痛みを感じましたが、とにかく警察を呼ば

なければと思い、**よろよろし（57）** ながら隣の母屋まで行き、家内を呼んで 110 番させました。

検察官：奥さんは、作業場での騒ぎには気付いていなかったんですか。

証人　：全然気付いていなかったようで、私の様子を見て**びっくり仰天し（258）**、あわてて警察に電話しました。そして、ついでに救急車も呼んだのです。

検察官：母屋までどのくらいの距離ですか。

証人　：私が襲われた場所は作業場の奥だったので、そこから 100 メートルくらいはあります。

検察官：警察が来たのはどのくらいたってからでしたか。

証人　：家内が 110 番してから、5 分くらいでした。

検察官：救急車が到着したのはいつですか。

証人　：被告人が逮捕され、パトカーに乗せられている時でした。

検察官：あなたは救急車で近くの病院に行き、手当てを受けられたということですが、怪我の具合はどうでしたか。

証人　：肩は骨折していました。肩甲骨にもひびが入っていました。スパナが肩に当たる時に、右耳もかすったようで、耳の上が切れていました。全治 3 カ月の重傷でした。

検察官：あなたにそのようなけがを負わせた被告人に対して、今のあなたはどのような気持ちですか。

証人　：仕事が欲しいと言うから雇ってやって、給料もけっこう渡していたのに、まじめに働かないばかりか、**仕事ぶり（148）** を注意されただけで**逆恨みをして（226）**、あんな乱暴を働いたわけですから、今でも**腹の虫がおさまりません（103）**。今でもけがをし

119

たところが**ジンジン痛み（24）**ます。外国人でも本当に真面目に働き、故郷の家族に仕送りを欠かさない**健気（144）**で**人徳のある（230）**人もいるのに、被告人のような人間は、**人間の屑（97）**です。絶対に許せません。

検察官：以上です。

シナリオ5 覚せい剤密輸事件（1）

事件のあらまし

空港税関で、外国人旅行者が持って来たスーツケースが二重底になっていて覚せい剤が入っているのが発見され、その旅行者は逮捕された。彼は、これらの覚せい剤の存在を知らなかったと主張している。検察官は、被告人が、氏名不詳者との共謀により営利目的で犯行を行ったと考えている。

証人尋問（空港税関職員への主尋問）

検察官：では、スーツケースと被告人の反応についてうかがいます。荷物の検査を次にされたんですね。

証人：はい。

検察官：スーツケースの中を検査させてほしいと言ったのですか。

証人：はい。

検察官：被告人の態度はどうでしたか？

証人：検査をし始める前は**愛想よく（119）**非常ににこにこしていました。

検察官：スーツケースを開けてもらったばかりの時はまだ笑顔だったということですか。

証人　　：はい。

検察官：あなたがスーツケースの中を見た第一印象はどうでしたか。
証人　　：開けた時の第一印象は、そうですね、衣類のような軽いものが多
　　　　　いにもかかわらず、いやに重いなあと思いました。

検察官：それで、あなたはどうしましたか。
証人　　：スーツケースの底の部分や内側の側面に異常がないか、手で探っ
　　　　　たり軽くたたいたりしました。

検察官：その時、被告人の**様子はどう（300）**でしたか。
証人　　：被告人のところに視線をやると、急に**額から汗をかき（257）**はじ
　　　　　め、**目を見開いて（281）**、非常に**呼吸が荒くなり（221）**ました。

検察官：さっきの笑顔とはちがうなと、目で見てわかる状態でしたか。
証人　　：はい、目で見てすぐわかる状態です。**目が泳いで（114）**いました。

検察官：それはどういう状態ですか。
証人　　：目が落ち着きなく、**きょときょとしてた（15）**ということです。

検察官：そして、被告人の**呼吸が荒くなった（221）**のですね。
証人　　：そうですね、**鼻息とかがふーって聞こえる（41）**ような感じで
　　　　　す。そして、**体が小刻みに震えて（220）**いるように見えました。

検察官：明らかに態度が変わったということですね。
証人　　：はい。

検察官：今度は検査室の検査についてうかがいます。検査室に入った後で
　　　　　どういう検査をしましたか。
証人　　：検査室に入ってまず身辺検査、ボディチェックを行いました。

検察官：不審点はありましたか？

証人　：ボディチェックでは、何も隠し持っているようなことはありませんでした。

検察官：そのあとどうしました。

証人　：スーツケースのX線検査をしました。

検察官：では、その時の状況についてお聞きします。

証人　：はい。

検察官：X線検査には被告人も立ち会ってくれましたか？

証人　：はい、立ち会っていただきました。

検察官：そのころの被告人の<u>様子はどう（300）</u>でしたか。

証人　：表情が硬くなり<u>青ざめて（120）</u>いました。検査室を出てからX線に辿り着くまで<u>涙目になって（246）</u>何度もオーマイゴッド、オーマイゴッドと<u>ぶつぶつ呟いて（43）</u>いました。

検察官：X線検査の結果の方はどうでしたか。

証人　：X線の検査を行った結果、スーツケースの底の部分に通常ではありえない影があることがわかりました。

検察官：その結果について被告人に質問しましたか。

証人　：まずこれは何だと思いますかと質問しました。

検察官：被告人は何と答えましたか？

証人　：<u>しどろもどろになり（21）</u>ながら、何が起こったのかわからないと答えました。

検察官：重ねて何か聞きましたか？

証人　　：この影は何だと思いますかと聞きました。

検察官：被告人は何と答えましたか。
証人　　：最初口ごもっていました（217）が、わかりませんと答えました。

検察官：それからの被告人の様子はどう（300）でしたか。
証人　　：被告人は、えー、涙目になっていて、両手でこう頭をかきむしる（181）感じでした。

検察官：その後、被告人の同意を得て、スーツケースの底を解体したんですね。
証人　　：はい。

検察官：解体したらビニールなどに包まれた白い結晶が見つかったんですね。
証人　　：はい。

検察官：それで仮鑑定を実施して現行犯逮捕したわけですね。
証人　　：はい。

被告人質問（主質問）
弁護人：日常生活でお金に困ったことはありますか？
被告人：ありません。

弁護人：あなたとしてはね、何でこんなことになってしまったと思いますか。
被告人：私にはよくわかりませんが、私の旅行を利用しようとした人がいたのだと思います。私の世間知らず（153）なところと馬鹿正直（99）さが利用されたのだと思います。

弁護人：あなたは今までに、人にうまく利用されたり、だまされて失敗したことはありますか。

被告人：ありません。

弁護人：あなたは先ほど、自分は<u>馬鹿正直（99）</u>と言いましたが、自分の性格についてそういうふうに考えているわけですね。

被告人：もう少し正確にいうと人を信じやすいことでしょう。

弁護人：あなたの友達とかね、周囲の人は、あなたの性格についてどのように理解していますか。

被告人：<u>おっとりしていて（131）</u>いい人だと言ってくれます。

弁護人：最後の質問です。今あなたがこの裁判所で一番述べたいことは何ですか。

被告人：はい。えー、私は隠されていた麻薬のことを知らなかったということです。これが出た時にはまるで<u>青天の霹靂（80）</u>でした。この歳になってこのような経験をして、誰でも人を信じてはいけないということを学びました。

弁護人：誰かにそそのかされて（233）、こんな<u>犯罪に手を染める（106）</u>ようなことは二度とないようにすると約束できますか。

被告人：はい、約束します。<u>世間を騒がせる（81）</u>ようなことはしません。

弁護人：心から<u>反省している（255）</u>、これからは<u>真面目な生活を送る（270）</u>、ということですね。

被告人：そのとおりです。

シナリオ 6　　覚せい剤密輸事件（2）

事件のあらまし

　日本人女性と結婚した外国人は、貿易商という仕事は名ばかりで、覚せい剤密輸の元締めという裏の顔があった。女性は夫があまり家に帰らないのは単に仕事が忙しいためだと思っていた。逮捕されてはじめて夫の犯罪を知った。

証人尋問 （被告人の妻への主尋問）

検察官：あなたは、自分の夫が覚せい剤密輸の元締めだったことを当然知っていましたね。

証人：いいえ、全然知りませんでした。ある日突然チャイムがなって警察がきて、「だんなさんが捕まっています。今から家宅捜索します。」と言われたんです。私には**何が何だかわかりません（160）**でした。**青天の霹靂（80）**です。

検察官：**知らぬ存ぜぬ（77）**ではすみませんよ。**仮にも（137）**被告人はあなたの夫なんですからね。

証人：夫は仕事が忙しいと言って、家にもあまり**寄り付き（288）**ませんでした。

検察官：ずいぶん**金回りもよかった（67）**んではないですか。

証人：でも、まさかこんな**大それた（155）**ことをやっていたとは**夢にも思いません（117）**でした。

検察官：被告人は、周りを**欺く（178）**ため日本人女性と結婚した、日本は他国に比べ刑が軽いから稼ぎに来たと供述しているのですよ。

証人：すっかり騙されていました。愛し信じた人は、**人間の屑（97）**でした。

シナリオ7　　傷害事件（1）

（『司法通訳』渡辺他 2004 のシナリオを一部使用）

事件のあらまし

　　DV 事件で、ある女性が被告人である内縁の夫に暴力をふるわれ、意識を失うほどの大けがをした。

証人尋問 （被害者への主尋問）

検察官：車の中でちょっと殴られたとか、車内での最初の暴力はどのようなものでしたか。

被害者：髪を引っ張られました。

検察官：髪を引っ張る前には被告人はどうしていたのですか。

被害者：男友達についてとか、浮気してる（192）とか問い詰めて（241）きました。

検察官：問い詰めて（241）すぐに髪を引っ張ったのですか。

被害者：最初いろいろ口で言われていて、段々イライラしてきてパネルを蹴ったり、当たり散らし（182）ていました。

検察官：パネルを蹴って、被告人はどうしました。

被害者：それから髪を引っ張って、本当のことを言え、と言いました。

検察官：髪を引っ張られたあなたはどうしましたか。

被害者：顔を殴られるかと思って、うずくまろう（189）としていました。

検察官：被告人はどうしましたか。

被害者：髪をぐいっと引っ張って（18）、顔を起こして殴りました。

検察官：どんなふうに殴ったのですか。平手ですか。

被害者：平手でなく拳で殴られ、鼻血が出ました。口も切れて血が出ました。

検察官：殴られる以外の暴力はありましたか。

被害者：背中を蹴られたのか押さえつけられたのか、ともかく顔がフロントに当たりました。

検察官：髪の毛を掴まれて、車にぶつけられたことはありますか。

被害者：髪を引っ張られたことはありますが、車にぶつけられたことまでは覚えていません。

検察官：どうしてですか。

被害者：そのあたりで意識を失ったからだと思います。

シナリオ8　　傷害事件（2）

事件のあらまし

　外国人と結婚した日本人女性が、ある日、夫が酒を飲んで車を運転しようとしたのを止めたことで、夫からひどい暴力を受け、病院へ運ばれた。翌日病院から連絡を受けた警察により夫は傷害罪で逮捕された。

証人尋問 （被害者である被告人の妻への主尋問）

検察官：事件のあった夜のことを話してください。

証人　：夫は私の目の前で缶ビールを3本ほど飲んでふらふらになって(47)いるのに友達の家へ車で行こうとしたので、とっさに(158)車のキーを隠しました。「いい加減にして(185)」と彼をなじった(245)ら、逆切れし(209)てひどい目にあわされ(259)ました。

検察官：どんなことをされましたか。

証人　：「おまえはクレージーだ。キーをどこへ隠した。」と言いながら平
　　　　手で張り倒して（261）きました。私はサイド・テーブルにひど
　　　　く胸を打ち、肋骨にひびが入りました。髪の毛を掴まれて壁際に
　　　　押しつけられ、こぶしで顔を殴られて鼻の骨が折れました。

検察官：逃げなかったのですか。

証人　：怖くて腰が抜けて（73）、一歩も動けませんでした。彼は何か罵
　　　　りながら倒れている私の体を蹴り続けました。

検察官：その後、被告人はどうしましたか。

証人　：しばらくして、怒って悪態をついて（177）出て行くのが見えま
　　　　した。

検察官：今、被告人のことをどう思っていますか。

証人　：夜の街でホストまがい（301）のことをしていた彼は、私のア
　　　　パートに転がり込んで（225）きました。定職にも就こうとせ
　　　　ず、昼間はぶらぶらして（45）、私の収入をあてにして（183）
　　　　いました。面白くないこと（133）があったり、少しでも気分を
　　　　害される（208）と夜中でも突然キレる（212）のでオチオチ（3）
　　　　寝ていられませんでした。「愛している」とは口ばっかり（141）
　　　　で、本当は自分が永住権が欲しいから偽装結婚まがい（301）に
　　　　私を利用しただけなんです。信じた私がバカでした。彼の機嫌を
　　　　損なわ（207）ないように気を遣い（213）ながらの生活にはい
　　　　いかげん辟易して（267）います。ほとほと（53）疲れました。
　　　　うんざりして（193）います。もう泣き寝入り（94）はやめます。

シナリオ9　　出入国管理法違反事件（1）

（『司法通訳』渡辺他 2004 のシナリオを一部使用）

事件のあらまし

　被告人は、悪徳ブローカーに騙され、偽造パスポートを使用し、日本に不法入国、不法滞在をした。

被告人質問 （主質問）

弁護人：次に、不正入国に関連してお尋ねします。偽造パスポートはどうやって手に入れたのですか。

被告人：国にいる時、知り合いの人が商売でパスポートを売る人を紹介してくれました。

弁護人：全部で、いくらくらい払ったの。

被告人：全部で 300 万円です。でもアパートも見つけてくれなかったし、給料は半分くらいしかくれなかった。

弁護人：じゃ、300 万円払ったら仕事ととりあえず住むところは用意してくれるっていう約束だったんですね。

被告人：はい、そうです。

弁護人：結局悪徳ブローカーに騙されて、高い渡航費を払ったのに、給料は約束の半分しかもらえなかったわけですね。

被告人：はい。

弁護人：騙されて、巨額の借金が残ったのでしょ。騙されて、<u>泥船に乗る</u><u>（93）</u>ようなことをして<u>悔しい（143）</u>と思わなかったのですか。

被告人：はい。

弁護人：結局お金を早く取り戻そうと思って、麻薬取引の仲間に入って小遣いを稼いだのは事実なんでしょ。

被告人：はい。

弁護人：最初から違法な目的で日本に来たのでしょ。だから結局無理してお金を稼ごうとして**仲間割れを起こし（244）**たのでしょ。そうなれば**毒を食わらば皿まで（90）**ということで、こんな**大それた（155）**犯罪に**手を染める（106）**ことになったのでしょ。

被告人：はい。結局そうなりました。

弁護人：君の不良仲間の何人かは今回実刑判決を受けたのを知っているでしょ。そんな仲間から**足を洗う（61）**気持ちはないの。

被告人：はい。付き合う気持ちはありません。帰国しても会いません。

弁護人：拘置所で２カ月も身柄を拘束されてるわけですね。もう**こりごり（145）**しましたか。

被告人：はい。十分**反省し（255）**ました。

弁護人：もう二度と不正な方法で日本に来ないと誓いますか。

被告人：はい、誓います。

弁護人：終わります。

シナリオ 10　　強盗傷害事件（1）

事件のあらまし

　二人乗りバイクの外国人が夜道を歩いていた女性のバッグをひったくった。ちょうどパトロール中の警察がまもなく被疑者を逮捕した。女性は腰の骨にひびが入るけがを負った。

証人尋問（被害者の女性への主尋問）

検察官：事件のあった夜のことを話してください。

証人　：いつものように地下鉄を降りて、駅からまっすぐ広い通りを家の方へ歩いて行きました。そしたら、背後から**ブルンブルン（49）**とバイクの音が近づいてきて、私の横に来そうになったのでとっさに歩道側に**身を寄せ（274）**ました。

検察官：それでどうなりましたか。

証人　：バイクの後ろに乗っていた男が降りてきて、外国人風の日本語で「**オトナシクシロ（198）**、カネヲダセ」と言いながら私のバッグをつかもうとしたので、私は**ずるずると後ずさりし（28）**ながら取られまいと必死でバッグを胸のところに抱え込みました。

検察官：それでどうなりましたか。

証人　：男が両手で私の肩を**バンと押し（40）**たので、コンクリートのでっぱりに腰を思いっきり**ガンと打ち付け（11）**てしまい、足に力が入らなくなり**へなへなと（50）**その場に**崩れ落ちて（216）**しまいました。その時、バッグが私の手から滑り落ち、金具が**チャリンと（33）**歩道に落ちた音がしました。男は**バッと（38）**バッグの方に飛びつこうとしましたが、私も**這いずる（251）**ようにバッグに手を伸ばし取っ手をつかみ離さなかったので、男と私はバッグを引っ張り合っても**み合い（282）**になりました。その時警官が走って来て「そこで何をしている」と大声で怒鳴って、男を捕まえてくれました。

検察官：怪我の具合はどうでしたか。

証人　：救急車で病院に運ばれ、腰骨にひびが入り全治 1 カ月と診断されました。

検察官：被告人に何か言いたいことはありますか。

証人　：**大柄な（129）**男が二人で、**ひ弱な（165）**女性を狙った**卑怯で（164）卑劣な（166）**犯罪で許せません。

以下、シナリオにはないが、比較的頻繁に使用され、外国語に訳すのが難しい例としてこれまで議論されたことのある表現をいくつか挙げる。

屁理屈を言う（268）

くすぶる（215）

一役買う（260）

踊らされる（199）

迷走させる（280）

轍を踏む（87）

腰砕けになる（74）

〜ぐるみで（299）

逆ザヤを稼ぐ（210）

凛々しい（176）

おくゆかしい（130）

くどくど言う（20）

腹をくくる（105）

いじくる（187）

呼び捨てる（287）

つかみ合う（239）

馬乗りになる（191）

土下座する（242）

半殺しにする（254）

抱え込む（202）

追い詰める（194）

大きいことを言う（195）

ガチャンと割れる（6）

対訳集
擬態語・擬声語

日本語表現と英訳	解説と訳例
1) **うじうじする** ・to have less courage to (speak) ・to hesitate (due to inconveniences or guilt)	「性格がうじうじしている」というような使い方ではなく、その場ではっきりした態度が取れないような場合。 **通訳例** 私がそう言うと、最初彼はうじうじしていました。 When I said that, at first he looked hesitant.
2) **ウワッと声をあげる** ・to shriek ・to express surprise with a shriek	ショックで声をあげるような場合。 実際の擬音としては、"waaa" があり、日本語と非常に似ている。
3) **おちおち…していられない** ・can not .... in peace	**通訳例** おちおち寝ていられませんでした。 I could not sleep in peace.
4) **おどおどする** ・to fear for ・to have anxiety about ・to be timid about	**通訳例** 大声でどなられて彼女はおどおどしていたようでした。 She seemed frightened after being screamed at in a loud voice. ＊この場合、怒鳴られた瞬間、びっくりしておどおどしたのだから frightened のほうが適切。
5) **ガタガタ震える** ・to shudder ・to tremble with	怖くて震える。 寒さで震えるのは shake や shiver。 **通訳例** 私は怖くて体中ガタガタ震えていました。 I was trembling all over with fear.

日本語表現と英訳	解説と訳例
6）**ガチャンと割れる** ・to shatter ・to break (with a shatter)	何が割れるのかによって、使用する語彙を選択する。 **通訳例** 彼女が投げた皿はガチャンと床に落ちて割れた。 The dish that she threw fell and shattered on the floor. ガラスがガチャンと割れる音がしました。 I heard the glass break with a shatter.
7）**カチンとくる** ・to be infuriated ・to be ticked off	「神経に障る」「癇に障る」という意味。 **通訳例** 彼の行動にカチンと来ました。 His behavior ticked me off.
8）**がっくりする** ・to be very disappointed ・to be very disheartened	**通訳例** この件に関する彼の責任感にがっくりしました。 His attitude toward responsibility on this matter disappointed me very much.
9）**カッとなる** ・to get angry ・to lose one's temper	**通訳例** ついカッとなって、ナイフをつかんでしまいました。 I couldn't help myself. I lost my temper, and grabbed the knife.
10）**ガミガミ言う** ・to nag ・to badger	**通訳例** 彼の態度について、あまりガミガミ言いたくありませんでした。 I didn't want to badger him too much about his attitude.
11）**ガンと打ちつける** ・to bang on/against ・to hit hard on/against	collide は、2つ以上のものがぶつかり合う時に使う。 **通訳例**

日本語表現と英訳	解説と訳例
・to collide with	腰を思いっきり、壁にガンと打ちつけました。 I banged my lower back on the wall.
12）ぎくしゃくする ・to be strained ・to be rocky ・to be not smooth-sailing	通訳例 あなたとご主人との関係はぎくしゃくしていたのですね。 You had a rocky relationship with your husband, right?
13）ぎゅうぎゅう押さえる ・to squeeze tighter	通訳例 彼の手で首をぎゅうぎゅう押さえられたのですね。 Your neck was squeezed tighter by his hands, right?
14）ぎょっとする ・to be startled ・to be unexpectedly taken aback (by fright or surprise)	驚き、動揺する様子。 通訳例 夫は被告人の手にナイフが握られているのを見てぎょっとしました。 My husband was startled when he saw the defendant grabbing the knife.
15）（目が）きょときょとする ・to show anxiety (via one's eye movement) ・to show signs of anxiety	不安や恐れなどのため落ち着きなく視線を走らせる様子。 通訳例 被告人は目が落ち着きなく、きょときょとしていました。 The defendant's eyes looked restless, with signs of anxiety.
16）キョトンとする ・to look lost	事情が呑み込めず、目を見開いてぼんやりしている様子。 通訳例 被告人は裁判官の前でキョトンとしていました。

日本語表現と英訳	解説と訳例
	The defendant looked lost in front of the judge.
17)（目が）ギラギラする ・glaring (eyes)	通訳例 彼は異様にギラギラした目で私を見ました。 He looked at me with strangely glaring eyes.
18) グイッと引っ張る ・to pull forcefully at	通訳例 彼にグイッと引っ張られて倒れました。 I fell when he pulled at me forcefully.
19) ぐずぐずする ・to move slowly ・to take more time (than needed) to do (something)	通訳例 ぐずぐずしていたら出廷日に遅刻しました。 I was late for my court appearance because I was moving slowly.
20) くどくど言う ・to go on and on about (something) ・to dwell on something	
21) しどろもどろになる ・to become incoherent	通訳例 彼は急にしどろもどろになりました。 He suddenly grew incoherent.
22) しぶしぶ〜する ・to do something reluctantly ・to agree unwillingly	
23) しゃあしゃあと言う ・to say without compunction/ hesitation ・to speak with disrespect	「恥だとも思わず平気で」「厚かましく」の意味 通訳例 彼は臆面もなくしゃあしゃあとそう言いました。

日本語表現と英訳	解説と訳例
	He said so without compunction. ＊「しゃあしゃあと」を「大きな態度で」と解釈すると、arrogantly を入れてもよい。 He said so arrogantly without hesitation.
24）**ジンジン痛む** ・to have a throbbing pain ［脈打つように痛む］	単に「ひどく痛む」という意味かもしれない。 【通訳例】 私の肩はいまだにジンジン痛みます。 I still have throbbing pains in my shoulder.
25）**ズケズケとモノを言う** ・to have the nerve to say ・to speak very bluntly and harshly	【通訳例】 彼は変な日本語でズケズケとモノを言うところがありました。 He had a side to him that gave blunt negative commentary in his broken Japanese.
26）**すごすごと帰る** ・to go back feeling defeated/ashamed	
27）**（関係が）ずるずると（続く）** ・(for the relationship) to drag/continue on	【通訳例】 私は彼とのこんな関係がずるずると続いてしまうのはいやでした。 I didn't want this relationship with him to continue on like this.
28）**ずるずると後ずさる** ・to take a step back bit by bit	
29）**ぞっとする** ・to be horrified	恐怖などで身の毛がよだつ様子。 to shudder は身震いするというニュアンス。 【通訳例】 彼の顔を見でぞっとしました。 I was horrified when I saw his face.

日本語表現と英訳	解説と訳例
30) そわそわする ・to be restless ・to be anxious	
31) たじたじとする ・to be disheartened ・to be intimidated and pull back ・to be crushed	通訳例 私の剣幕に彼はたじたじとなりました。 My tirade/furious tone intimidated him and he pulled back.
32) チッと舌打ちする ・to scorn ・to fill with scorn/irritation	苛立ったり、軽蔑したりした時の動作。 通訳例 彼はチッと舌打ちしました。 He scorned. ＊英語話者にとっては「舌打ちする」のは苛立ちを感じたりした時の動作のみというわけではないので、それをそのまま英語で言っても、状況が伝わらない。 なぜ舌打ちをしたかを伝えたい場合は何らかの補足が要る。 He clicked his tongue to show his scorn.
33) チャリンと鳴る ・to make a high-pitched metal sound	通訳例 バッグの金具がチャリンと歩道に落ちた音がしました。 I heard the sound of metal fittings of my bag falling onto the sidewalk. clank は鈍い音。
34) （血が）ドクドクと出る ・to bleed heavily	通訳例 彼は脇腹のあたりから、すぐに血がドクドクと出始めました。 He immediately started to bleed heavily from the side of his stomach.

日本語表現と英訳	解説と訳例
35）とろんとした目 ・distant eyes ・glassy eyes　［薬物関係など］	通訳例 彼はとろんとした目をしていました。 He looked out of it. (薬物の影響など) He looked spaced out. (単に、集中していない)
36）（目を）パチクリさせる ・to look with blinking wide eyes ・with eyes like saucers	通訳例 彼は私の剣幕に目をパチクリさせていました。 He peeled his eyes in shock at my tirade/furious tone.
37）はっとする ・to be startled ・to suddenly realize	
38）ぱっと（飛びつく） ・to jump at	
39）はっと我に返る ・to come to one's senses	
40）バンと押す ・to give it a big push	通訳例 男が両手で私の肩をバンと押しました。 The man pushed me hard with both of his hands on my shoulders.
41）（鼻息が）ふーっと聞こえる ・to hear someone breathing hard	通訳例 鼻息がふーって聞こえるような感じです。 It was like I could hear him breathing hard through his nose.
42）ぶつぶつ悪態をつく ・to curse in an (almost) inaudible voice	

日本語表現と英訳	解説と訳例
43) ぶつぶつ呟く ・to mumble	
44) ぶつぶつと管を巻く ・to blather (drunkenly/on a drunk)	通訳例 彼は酔って何かぶつぶつと管を巻いている感じでした。 He appeared to blather drunkenly about something.
45) ぶらぶらする ・to hang around (doing something/nothing) to kill time	通訳例 彼は昼間は定職に就こうとせず、ぶらぶらしていました。 During the day he wasn't looking for a job, and was doing nothing.
46) ふらっと入ってくる ・to stroll in/into	通訳例 彼はバーに一人でふらっと入ってきました。 He strolled into the bar alone.
47) ふらふらになる ・to become dizzy ・to become unsteady	通訳例 夫はビールを3本飲んで足元がふらふらになりました。 After my husband drank 3 bottles of beer, he began to lose his footing.
48)（足が）ぶるぶるする ・to tremble/shake with anxiety/fear (or from cold)	
49) ブルンブルン（とバイクの音） ・vroom vroom ・engine sounds	vroom などは擬音。 通訳例 私の背後からブルンブルンとバイクの音が聞こえてきました。 From behind me I could hear the engine sounds of a motorbike.

日本語表現と英訳	解説と訳例
	＊日本語通り「ブルンブルン」を入れた形。 From behind me I could hceard the vrooms of a motorbike.
50) **へなへなと** ・physically/mentally weak	**通訳例** 私はへなへなと、その場にくずおれてしまいました。 My legs gave out and I fell to the ground.
51) **へらへら笑う** ・to laugh like a fool 　［馬鹿のように笑う］ ・to laugh with derision 　［人を見下して笑う］ ・to laugh along with 　［愛想笑いをする］	＊状況によって訳し方が変わる。
52) **ボーっとする** ・to zone out ・to be absent-minded	何もしない様子。 **通訳例** 彼はそこにボーっと座っていました。 He sat there absent-minded. He sat there doing nothing.
53) **ほとほと（弱り切る、疲れる）** ・quite ・completely	「全く」「本当に」の意味。 **通訳例** 彼はしつこくて、私はほとほと弱り切っていました。 He was so persistent that I was at my wit's end.
54) **ぼんやりする** ・to be absent-minded	
55) **むっとする** ・to feel/look offended/upset	

日本語表現と英訳	解説と訳例
56) **やれやれと思う** ・to feel relieved ・to give a sigh of relief ・to feel "What? Again?"	ほっとした時とがっかりしたりあきれた時の両方で使われる。
57) **よろよろする** ・to stagger ［よろよろと歩く］ ・to walk unsteadily	通訳例 私はよろよろしながら、隣の家まで行きました。 I staggered over to my neighbor's house.
58) **わーっという（声）** ・to scream out ・to say "woah!"	通訳例 わーっという声が聞こえました。 I heard someone screaming.
59) **ワーワーと大声で（騒ぐ、など）** ・to yell and shout about ・to make a lot of noise ・to sound a big fuss	通訳例 彼らがワーワーと大声で騒いでいました。 They were screaming and being noisy.

慣用表現

日本語表現と英訳	解説と訳例
60)　**愛想を尽かす** ・to run out of patience［人に対して］ ・to be done with［人との関係などに対して］	
61)　**足を洗う** ・to wash one's hands of ・to leave［自分にとって良くないことから］	通訳例 君は不良グループから足を洗うつもりはないの？ Don't you want to cut your ties with the group of delinquents?
62)　**あっけにとられる** ・to be at a loss ・to be taken aback	不意を打たれる、驚かされるの意味。 通訳例 私は彼の態度にあっけにとられました。 I was taken aback by his attitude.
63)　**意を決する** ・to be resolute ・to be determined	
64)　**因縁を付ける** ・to pick a fight with ・to start a problem with (somebody)	いいがかりをつけること。 通訳例 因縁を付けては相手を怒らせるわけです。 He often picks a fight and upsets others.
65)　**有頂天になる** ・to be on cloud nine ・to be beside oneself with excitement	通訳例 彼女も自分を愛していると知って、彼は有頂天になりました。 Finding out that she loved him too, he was on cloud nine.
66)　**臆面もなく** ・without shame ・to do (something) without	「ずうずうしく」という意味。

日本語表現と英訳	解説と訳例
shame. ・to have the audacity (to do) (something)	
67）金回りがよい ・to be well off	通訳例 ご主人はずいぶん金回りがよかったのでしょう。 Your husband was quite well off, wasn't he?
68）堪忍袋の緒が切れる ・to have had enough of (someone) ・to blow up (with repressed anger)	通訳例 お前の態度にはずっと我慢をしてきたけど、もう堪忍袋の緒が切れた。 For a long time I've put up with your attitude, and I've had it with you.
69）気が気でない ・to be extremely worried ・to be unable to stop worrying	
70）キツネにつままれる ・to be baffled ・to be bewildered	キツネに化かされたように、わけがわからなくなること。 通訳例 私は彼の言葉にキツネにつままれたような気持ちになりました。 His words baffled me.
71）気を持たせる ・to encourage (someone to have hope)	
72）苦肉の策 ・last resort/recourse ・an action that pains one to perform	苦し紛れに考え出した最終手段。そうすることを余儀なくされること。 通訳例 あなたは苦肉の策として被告人の飲み

日本語表現と英訳	解説と訳例
	屋通いにいつも付いていったのですね。 As last recourse you always went with the defendant to the bars, right?
73）**腰が抜ける** ・to be dumbfounded ・to become unable to move ・to flip out	恐怖や驚愕で動けなくなること。 通訳例 ナイフを見て、私は腰が抜けそうになりました。 After seeing the knife, l nearly flipped out.
74）**腰砕けになる** ・(for a matter) to fall through	ことが中途で挫折すること。 通訳例 計画は腰砕けとなりました。 The plan fell through.
75）**自暴自棄になる** ・in desperation	「絶望して捨て鉢になる」というような意味。 通訳例 彼は自暴自棄になって、こんなバカなことをしてしまったに違いありません。 He must have done this stupid thing in desperation.
76）**情にほだされる** ・to be moved by someone's strong feelings ・to do (something) because of one's love/strong feelings for another person	「ほだす」とは「自由を束縛する」という意味。「情にほだされる」とは、「相手の愛情などに精神的に縛られる」という意味になる。 通訳例 私は情にほだされて一度だけ彼と関係を持ってしまいました。 I was moved by his strong feeling for me that I once had sexual relations with him.
77）**知らぬ存ぜぬ** ・to pretend not to know	通訳例 あなたの夫のことなので、知らぬ存ぜ

日本語表現と英訳	解説と訳例
anything	ぬではすみませんよ。 This is about your husband, so pretending to know nothing will not fly.
78）尻拭いをする ・to clean up after (someone's) mess	他人の失敗や不始末などの後始末をすること。 通訳例 あなたはいつも彼の尻拭いをしていたのではないですか。 Weren't you always cleaning up after his mess?
79）尻もちをつく ・to fall on one's rear end	
80）青天の霹靂 ・bolt out of the blue	通訳例 私には何が何だかわかりませんでした。青天の霹靂です。 I did not understand what was going on. It was a bolt out of the blue.
81）世間を騒がせる ・to cause a scandal ・to disturb the public	事件を起こして世間の人を驚かし騒がすこと（ただし、犯罪とは限らない）。 通訳例 この度はせがれが世間をお騒がせするようなことをしでかしまして誠に申し訳ございません。 I sincerely apologize for my son's recent action. ＊英語話者には「世間を騒がす」という感覚がないので、このような場面でそのまま直訳すると、異なるニュアンスで受け止められる可能性が大きい。日本語通りに訳すと以下のようになり、英語として不自然。 I sincerely apologize for my son's re-

日本語表現と英訳	解説と訳例
	cent actions that have caused distur-bance to the society.
82）**戦々恐々とする** ・to be very afraid ・to tremble with fear ・to be in fear	何かを恐れてびくびくすること。 通訳例 私は彼に出くわすのではないかと戦々恐々としていました。 I was very afraid that I might run into him.
83）**血の気が多い** ・to be pugnacious ・to have a short fuse ・to be short tempered	「激しやすい」の意味。 通訳例 夫はもともと血の気が多い性格でした。 My husband has always been short tem-pered.
84）**血迷う** ・to go mad ・to lose control of oneself	錯乱したり逆上したりして、正常な判断力を失うこと。 通訳例 「何を血迷っているんだ」と彼は叫びました。 He screamed, "Are you mad?" He screamed, "Have you lost it?"
85）**ちょっかいを出す** ・to meddle in (someone's mat-ter) ・to pick a fight with ・to flirt with (someone's sig-nificant other)［他人の恋人などに手を出す］	「喧嘩を売る」というような意味。 通訳例 彼にはちょっかいを出すところがありました。 He had a side of him that tended to pick fights.
86）**出来上がっている** ・to be very drunk ・to be intoxicated	「酒に酔っている」の意味。 通訳例 来た時からかなり出来上がっている感じでした。

日本語表現と英訳	解説と訳例
	From his arrival, it seemed that he was in-toxicated.
87) 轍を踏む ・to repeat the same mistake (made by a previous person)	先例を繰り返す。前人の陥ったと同じ失敗を後人がすること。 通訳例 前任者の轍を踏まないように気を付けていました。 I was careful not to make the same mistake of my predecessor.
88) 手をこまねく ・to stand there unable to do anything ・to be unable to do anything about (something)	元来「何もしないで傍観している」の意味だが、「どうしていいかわからない」という意味もある。 通訳例 私はただ手をこまねいていたわけではありません。 It wasn't that I just stood there unable to do anything.
89) 度肝を抜かれる ・to be shocked	
90) 毒を食らわば皿まで ・It's too late to turn back now	いったん悪に手を染めたからには、最後まで悪に徹しようというような意味。 通訳例 毒を食らわば皿までということでこんな大それた犯罪に手を染めることになったのでしょう。 He probably ended up committing this major crime because it was too late for him to turn back (on the crime). ＊このように日本語の諺に相当する英語の諺は存在するが、現代ではほとんど使われない。

日本語表現と英訳	解説と訳例
・You might as well be hanged for a sheep as you would for a lamb.	【英語表現の語源】子羊を盗んでも親羊を盗んでも同じ罰を受けるなら、肉が多い親羊を盗んだ方がよい。
91）取り越し苦労をする ・to worry over nothing ・to work oneself up about	通訳例 取り越し苦労をするな。 Don't work yourself up about it.
92）鳥肌が立つ ・to get goosebumps	通訳例 そのことで私はぞくぞくと鳥肌が立ちました。 That made my skin crawl.
93）泥船に乗る ・to ride a sinking ship ・to take a big risk/ bad risk	うまくいかないことがわかっていてやること。 通訳例 はめられて、泥船に乗ってしまいました。 I was flattered into riding a sinking ship. ＊当然、get on a boat made of mud は直訳で、意味が伝わらない。
94）泣き寝入りする ・to take it lying down ・to accept something unagreeable without protest	通訳例 もう、泣き寝入りはやめます。 I will no longer take it lying down.
95）煮え切らない態度 ・indecisiveness ・wishywashyness	
96）にらみを利かせる ・to exert one's power over (somebody) ・to keep (somebody) on a leash	掌握している、コントロールしているという意味。 通訳例 彼らはかつてはこのあたりににらみを利かせていたと聞いています。 I hear that this area used to be their terri-

日本語表現と英訳	解説と訳例
	tory.
97) 人間の屑 ・(person who is) the lowest of the low ・human scum	「まともな人間ではない」の意味。 通訳例 あのようなことをした被告人は人間の屑です。 The defendant is human scum for having done that.
98) 抜き差しならない ・to be caught in a bind	「解決できないほど」という意味。 通訳例 彼はその時には、彼女とは抜き差しならない恋愛関係にありました。 By then he had already fallen impossibly deep in love with her.
99) 馬鹿正直 ・too honest (to a point of foolishness) ・blunt	「正直すぎる」というだけの意味なので、必ず「馬鹿」を表す言葉をつける必要があるというわけではない。
100) 白紙に戻す ・to go back to square one ・to go back to the drawingboard ・to nullify	通訳例 何か問題を起こせば当然契約を白紙に戻すと何度も警告しました。 We warned him many times that if he got into any trouble, doubtlessly the contract would be nullified.
101) ばつが悪い ・to be put into an awkward position	その場の成り行きで、きまりが悪いこと。 通訳例 先生が通りかかって私たちを見たので、ばつが悪かったです。 Our teacher passed by and saw us, so it was awkward.
102) 腹にすえかねる	怒りを心中にとどめておくことができ

日本語表現と英訳	解説と訳例
・to be unable to hold back one's anger	ないくらい腹が立つという意味。
103）腹の虫がおさまらない ・to have difficulty holding back one's anger	**通訳例** 彼は腹の虫がおさまらず、なぐりかかってきました。 He couldn't contain his anger and started throwing his fist at me.
104）はらわたが煮えくりかえる ・to be absolutely infuriated by	**通訳例** 彼の言葉にはらわたが煮えくりかえる思いをしました。 I was absolutely infuriated by his words.
105）腹をくくる ・to accept one's fate ・to be prepared for the worst	覚悟すること。 **通訳例** もう腹をくくるしかなかったです。 I was ready to meet my fate. I was prepared for the worst.
106）犯罪に手を染める ・to transgress ・to descend/plunge into a world/life of crime ・to have a transgression	
107）へそを曲げる ・to get upset ・to become cross ・to become petulant	「へそ曲がり」なら「頑固な」や「意固地な」の意味になるが、「へそを曲げる」は「腹を立てる」の意味になることが多い。 **通訳例** 叱ったらへそを曲げられました。 When I scolded him, he got petulant.

日本語表現と英訳	解説と訳例
108）蛇の生殺しにする ・to not let someone move forward	中途半端な状態で放置しておくこと。 通訳例 私はまるで蛇の生殺しの状態でした。 I couldn't move forward with my life (They) wouldn't let me move forward with my life
109）茫然自失 ・in stupor ・stupefied	ショックなどで我を忘れてしまうこと。 通訳例 彼は茫然自失の状態でそこに立っていました。 He stood there stupefied.
110）脈がある ・to still have hope/ a chance	通訳例 彼は、彼女に対してはまだ脈があると思っていました。 He thought that he still had a chance with her.
111）無我夢中で ・lost in (an activity) ・without thinking	通訳例 私は無我夢中で走って逃げました。 I ran and escaped without thinking. ＊とにかく走って逃げたというニュアンス。
112）虫唾が走る ・to be very much disgusted with ・to be rubbed very much in the wrong way	胸がむかむかするほど不快なこと。 通訳例 彼の顔を見るだけで虫唾が走るようになりました。 Just looking at his face would make me feel extremely disgusted.
113）胸糞が悪い ・to feel upset/sickened/disgusted at/by (somebody/something)	通訳例 彼の行為には、胸糞が悪くなりました。 I felt disgusted at his behavior.

日本語表現と英訳	解説と訳例
114）**目が泳ぐ** ・to be shifty ・to have shifty eyes	非常に不安な状態。 通訳例 彼の眼は泳いでいました。 He had shifty eyes.
115）**目が据わる** ・to look glassy-eyed ・to look glazed	酔っている時の目つきを表すのによく使われる。 通訳例 彼は目が据わっていて、不気味な表情をしていました。 He looked glazed and eerie.
116）**目を光らせる** ・to pay particular attention to	通訳例 あなたは彼の振る舞いにいつも目を光らせていました。 You were always paying particular attention to his behavior.
117）**夢にも思わない** ・to not even dream of	
118）**溜飲を下げる** ・to assuage and clear one's mind	不平・不満・恨みなどを解消して、胸をすっきりさせること。

様子・心情

日本語表現と英訳	解説と訳例
119）**愛想がよい** ・likable ・amiable ・charismatic	
120）**青ざめる** ・to look as if blood had drained from one's face ・to look petrified	
121）**あきらめきれない** ・to be unable to give up	通訳例 彼は彼女のことをあきらめきれなかったのです。 He could not give up on her.
122）**憧れの（気持ち）** ・(feeling) of adoration ［思い焦がれる］ ・to long for ・to have a crush on	
123）**あっという間の** ・(to happen) in a flash	通訳例 あっという間の出来事でした。 It happened in a flash.
124）**意気地なし** ・(a) coward	通訳例 おまえのような意気地なしに、そんなことができるわけがない。 There is no way that a coward like you can do something like that.
125）**痛々しい** 　［痛々しく思う］ ・to pain (me)	通訳例 彼女は夫に大変遠慮しているので、痛々しいです。

日本語表現と英訳	解説と訳例
・to empathize for someone	She is too nice to her husband, so I feel for her. It pains me to watch how much restraint she is showing for her husband.
126）いたたまれない ・unbearable	その場にいるのが耐えられないという気持ち。 **通訳例** 私はいたたまれなくなって、部屋から逃げ出してしまいました。 I couldn't stand to be there, and ran out of the room.
127）イっちゃってる ・to be out of one's mind ・to be unhinged	「常軌を逸している」という意味。 **通訳例** 彼は「イッちゃってる」という感じだったので、とても怖かったです。 He seemed unhinged, which had me very scared.
128）忌々しい ・to be vexed	「腹立たしい」の意味。 **通訳例** あなたはご主人の態度を忌々しく思っていたのですね。 You were vexed at your husband's behavior, weren't you?
129）大柄な ・large-framed ・well-built	
130）おくゆかしい ・very elegant and attractive ・refined and charming	**通訳例** その女性には奥ゆかしいところがありました。 Her mannerisms were very elegant and attractive.

日本語表現と英訳	解説と訳例
131）**おっとりしている** ・laid-back and refined ・mild-mannered	通訳例 よくおっとりしていていい人だと言われます。 People often say that I am mild-mannered and a nice person.
132）**思い込みが激しい** ・to make too many assumptions	事実確認をせず、自分の記憶や考えが絶対正しいと思うこと。 通訳例 私は、親切にしただけなのに、彼は思い込みが激しい、と思いました。 I was just being kind, so I thought he was making too many assumptions (about my action towards him).
133）**面白くないこと** ・something unpleasant ・unagreeable experience	不愉快なこと。 通訳例 彼は面白くないことがあると夜中でも突然キレるのです。 When something unagreeable happens, he would suddenly lose his temper in the middle of the night.
134）**思わせぶりな（態度）** ・suggestive (manner/attitude)	通訳例 あなたは彼に思わせぶりな態度を取り続けたのですね。 You continued to behave in a suggestive manner towards him, didn't you?.
135）**ガタイがしっかりしている** ・to be (physically) built well ・to have an athletic frame	
136）**かわいそうな** ・sad/pitiful	poor は限定用法。叙述用法だと「貧しい」という意味になる。

日本語表現と英訳	解説と訳例
［かわいそうに思う］ ・to feel sad/pity for	通訳例 私は彼女がかわいそうだと思いました。 I felt pity for her.
137）仮にも ・if...after all	「内実はともかく」「いやしくも」の意味。 通訳例 仮にも彼はあなたの夫なのだから、彼のしていることについて知らぬ存ぜぬではすみませんよ。 If he is your husband after all, you cannot get away with saying that you don't know anything about what he is doing.
138）きっぱりとした ・to be firm (on) ・to put one's foot down (on)	通訳例 私は彼に、きっぱりと、付きまとうのはやめるよう言いました。 I told him firmly to stop stalking me.
139）気に食わない ・unagreeable ・to not sit well with (someone)	
140）形相 ・outward appearance ・look	「おそろしい」「鬼のような」などと一緒に用いられることが多い。 通訳例 被告人の形相がすごかったので、怖かったです。 Because the defendant looked terrifying, I was scared.
141）口ばかり ・all talk	通訳例 彼は私を愛していると言いましたが、いつも口ばかりでした。 He told me that he loved me, but he was always all talk.

日本語表現と英訳	解説と訳例
142) **口調がきつい** ・to speak in a harsh tone ・to be harsh	通訳例 彼は声は大きいですけど、口調はきつくないです。 His voice is loud, but his tone is not harsh.
143) **悔しい** ・to be disappointed ・to be vexed	通訳例 信じていた人に裏切られ大変悔しい思いです。 I feel very disappointed to be betrayed by a person who I trusted. 悔しかったら、彼女を取り戻してみろ。 If you're vexed, get her back (from someone)! ＊状況によって、訳語がかなり変わる。
144) **けなげな** ・to be admirable ・to be good	立場や力の弱い者が、困難な状況で立派に振る舞うような場合に用いる。 通訳例 外国人にも、故郷の家族に送金を欠かさないけなげな人もいます。 Some foreigners are admirable, never missing sending money to their family back home. あの子はけなげな子です。 He's a good boy.
145) **こりごり** ・to be fed up with ・to have had enough of	通訳例 悪事はもうこりごりです。 I've had enough of being bad.
146) **さりげなく** ・casually ・nonchalantly ・in passing	通訳例 私はさりげなく、結婚していることを彼に伝えました。 I told him in passing that I was married. Casually I told him that I was married.

日本語表現と英訳	解説と訳例
147）**しおらしい** ・reserved and obedient ・meek ・admirable ・beautiful and elegant	＊ meek は「意気地がない」など、マイナスの意味で用いられやすい。 ＊状況によって様々な形容詞が使われる。
148）**仕事ぶり** ・work ethics ・how one performs one's work	通訳例 彼は仕事ぶりはきちんとしていました。 He was doing his job properly.
149）**しとやかな** ・to have grace ・graceful	
150）**じれったい** ［じれったく思う］ ・to be frustrated ・to feel impatient	通訳例 彼女はじれったい人です。 She is a frustrating person.
151）**芯が強い** ・to be resolute	通訳例 彼には、なかなか芯が強いところもありました。 He was also quite resolute.
152）**すごい剣幕で** ・looking furious ・with a ferocious expression ［表情］ ・with a furious tone ［声のトーン］	
153）**世間知らず** ・naive (about the world/society) ・inexperienced (about the world/society)	通訳例 自分がいかに世間知らずだったか思い知りました。 I learned first-hand about just how naive I was.

日本語表現と英訳	解説と訳例
154）**切ない** ・to feel the pain of sadness/ 　loneliness ・to feel love for	通訳例 とても切ないです。 I feel very sad (about someone). It pains my heart.
155）**大それた** ・over the top ・outrageous	通訳例 まさか、彼がそんな大それたことをす るとは夢にも思いませんでした。 I never imagined that he would do such an outrageous crime.
156）**たしなみ** ・couth	「節度」「慎み」「礼儀正しさ」の意味。 通訳例 あなたはもっと人妻としてのたしなみ を持つべきです。 You should have more couth of a married woman.
157）**力ずくで** ・by force ・against one's will	通訳例 悔しかったら彼女を力ずくで取り返し てみろ。 If you're vexed, try to get her back by force.
158）**とっさに** ・in that instant	
159）**和やかな** ・friendly ・to have a warm, peaceful, and 　quiet demeanor	
160）**何が何だかわからない** ・to not know what is going on	通訳例 私は何が何だかわかりませんでした。 I had no idea what was going on.
161）**熱っぽい** ・feverish	通訳例 彼は熱っぽい目で私を見ていました。

日本語表現と英訳	解説と訳例
・intense ・to hold much interest in	He was looking at me with intense eyes.
162）**根は真面目な** ・good at heart	通訳例 根は真面目な奴なんです。 He actually is a good person at heart.
163）**腹立ち紛れ** ・in a fit of anger	
164）**卑怯な** ・cowardly	
165）**ひ弱な** ・vulnerable ・sickly	＊ sickly は、病弱という意味。
166）**卑劣な** ・despicable	通訳例 ひ弱な女性を狙った卑怯で卑劣な犯罪は許せません。 I cannot forgive cowardly and despicable crimes targeting vulnerable women.
167）**不気味な** ・creepy ・otherworldly ［超自然的な］ ・uncanny ［不可解な］ ・eerie ［幽霊など］	
168）**不憫な** ・heart-rending ・to take pity on ［不憫に思う］	通訳例 被告人は彼女を不憫に思いました。 The defendant took pity on her. It was heart-rending for the defendant to see her.
169）**ほがらかな** ・(to have) a sunny disposition ・(to have) a cheerful character	

日本語表現と英訳	解説と訳例
170）みじめな ・miserable	通訳例 とてもみじめで悔しかったです。 I was very miserable and vexed.
171）未練がましい ・to be unable to part with ・to be unable to move on	通訳例 煙草を吸うなと言ったら、彼は未練がましく、手に持った煙草を見ていました。 After I told him not to smoke, he was looking at the cigarette in his hand as if he did not want to part with it.
172）無念な ・to feel very disappointed ・to feel bad	通訳例 こんなことになって無念です。 I feel very disappointed at what has happened.
173）面目ない ・to feel ashamed	通訳例 もっと彼の話を聞いていたら、こんなことにならなかったかもしれないと思うと、面目ない気持ちです。 When I think that had I listened to him more, this might not have happened, I feel ashamed.
174）ヤバい ・risky ・dangerous ・terrible	危険だという気持ち。 通訳例 私はヤバいと思いました。 I felt it was risky.
175）律儀な ・honest and loyal	通訳例 彼には律儀なところもありました。 There also was a side to him that was honest and loyal.
176）凛々しい ・dignified	

動作

日本語表現と英訳	解説と訳例
177）**悪態をつく** ・to curse ・to swear ・to badmouth (somebody)	通訳例 私は彼が怒って悪態をつきながら家を出て行くのを見ました。 I saw him leave the house, swearing in anger.
178）**欺く** ・to deceive ・to mislead	通訳例 被告人は周りを欺くため、日本人女性と結婚しました。 The defendant married a Japanese woman to deceive those around him.
179）**足がすくむ** ・to have (one's) legs freeze	通訳例 恐怖で足がすくみました。 My legs froze from fear.
180）**あしらう** ・to treat ・to deal with	通訳例 私はその時は彼を適当にあしらっておきました。 I didn't deal with him seriously/properly then.
181）**頭をかきむしる** ・to rake one's hands in one's head/hair	通訳例 彼は両手で頭をかきむしりました。 He raked his hands in his hair. ＊ scratch his head ではないことに注意。 ＊頭をかくという動作で絶望などを表そうと思えば、英語話者には以下のような表現の方が伝わりやすい。 He held his head with both hands in despair.
182）**当たり散らす** ・to take one's anger out on	通訳例 彼は物に当たり散らしていました。

日本語表現と英訳	解説と訳例
・to vent one's anger out on	He was taking his anger out on everything around him.
183）**あてにする** ・to count on (something/ someone) ・to expect someone to do something	通訳例 彼は私の収入をあてにしていました。 He depended on my income.
184）**後ずさりする** ・to step back ・to pull back (from fear/ uncertainty)	
185）**いい加減にする** 　［いい加減にしろ！］ ・Cut it out! ・Give me a break! ・Enough!	
186）**いい気になる** ・to get bigheaded ・to flatter oneself	自分だけが得意になっている様子。 通訳例 彼は少しうまくいっていい気になっていたんじゃないですか。 Didn't he get bigheaded from things having gone bit well?
187）**いじくる** ・to fiddle with ・to tinker with ・to mess with	通訳例 機械をいじくっているうちに壊れてしまいました。 It broke while I was tinkering with the machine.
188）**憂さ晴らしをする** ・to vent and distract oneself from something	通訳例 あなたは憂さ晴らしに彼と付き合ったのですか。

日本語表現と英訳	解説と訳例
	Did you date him to vent and distract yourself from something? 日ごろの不満の憂さ晴らしをしたのですね。 You were venting and distracting yourself from your daily issues, weren't you?
189）うずくまる ・to crouch down	
190）内輪もめをする ・to quarrel between/among (friends/ family/ acquaintances) ・to have a quarrel with (friends/ family/ acquaintances)	通訳例 はじめは内輪もめかと思ってあまり注意していませんでした。 I paid little attention at first because I thought it was just some quarrel between friends.
191）馬乗りになる ・to straddle	
192）浮気をする ・to have an affair with ・to cheat on (one's significant other)	通訳例 私は朝倉さんと一度だけ浮気をしてしまいました。 I did have just one affair with Mr. Asakura.
193）うんざりする ・to be (sick and) tired of ・to be fed up with	
194）追い詰める ・to corner (someone)(into) ・to put someone into a corner	
195）大きいことを言う 　［ほらを吹く］	通訳例 彼はまじめに働かず、大きいことばか

165

日本語表現と英訳	解説と訳例
・to lie ［大口をたたく］ ・to shoot one's mouth off	りを言っていました。 He didn't take his job seriously, and was always shooting his mouth off.
196）**驕りがある** ・to have an overinflated ego	通訳例 彼には驕りがあったのかもしれません。 He may have had an overinflated ego.
197）**貶める** ・to look down on ・to disparage	通訳例 異議あり。不当に証人の人格を貶める発言です。 Objection. The statement unfairly disparages the witness's character.
198）**大人しくする** ・to be quiet ・to behave well ・to stop resisting	通訳例 彼は押さえつけられて大人しくなりました。 He stopped resisting after they held him down.
199）**踊らされる** ・to be made a fool of ・to be manipulated	通訳例 結局は奴らに踊らされただけでした。 In the end, they had just played me.
200）**思いつめる** ・to make oneself sick over ・to torment oneself about	
201）**顔色が変わる** ・to change one's energy (on one's face) (in reaction to something)	怒りなどで表情が変わること。 ＊雰囲気やオーラが変わることを change in energy と言う。
202）**抱え込む** ・to hold (something) in one's arm	

日本語表現と英訳	解説と訳例
・to bite more than one can chew ・to hold things in	
203）**絡む** ・to start something with someone［通常は喧嘩］ ・to become argumentative with	「喧嘩を売る」「議論を吹っ掛ける」という意味。 通訳例 被告人は酒を飲むと絡むくせがありました。 The defendant had a habit of starting fights when he drank.
204）**気がある** ・to be interested in ・to find somebody attractive/ interesting ・to like	（異性などを）好きであるという意味。 通訳例 彼は陽子さんも自分に気があると思い込んでいました。 He believed that Yoko also liked him.
205）**気が動転する** ・to be very upset by/over/ about ・to be in shock and confused ・to lose one's cool	通訳例 私も気が動転してどうなったかよく覚えていません。 I was also in shock and don't really remember what happened.
206）**気兼ねする** ・to hesitate (out of consideration) ・to be considerate of	
207）**機嫌を損なう** ・to make someone angry ・to offend/upset someone	通訳例 私は彼の機嫌を損なわないように気を使っていました。 I was careful not to upset him.
208）**気分が害される** ・to have one's mood ruined	

日本語表現と英訳	解説と訳例
209）**逆切れする** ・to flip out (in response to someone blowing up)	通訳例 私が注意したら、彼は逆切れしました。 When I cautioned him, he flipped out.
210）**逆ザヤを稼ぐ** ・to profit from taking a negative spread ・to profit from negative spreads	相場で高いはずの銘柄が安く、安いはずの銘柄が高いことから、その差を利用して儲けること。 通訳例 奴は逆ザヤで金を儲けたらしいです。 I hear that he made money from negative spreads.
211）**逆上する** ・to be filled with rage ・to rage at ・to be enraged at	通訳例 彼は、私の言葉に逆上しました。 He raged at what I said.
212）**キレる** ・to lose one's temper ・to go off (at someone) ・to blow up (at someone)	
213）**気を遣う** ・to be attentive to ・to be (very) considerate of ・to take precautions	通訳例 彼女はご主人に対して大変気を遣っているようでした。 She seemed to take every precaution for her husband.
214）**気をもむ** ・to fret about	
215）**くすぶる** ・to remain unresolved	人の状態や行動がぱっとせず発展的でないこと。 あるいは、問題がまだ残っていること。 通訳例 組織内にはいまだに不満がくすぶって

日本語表現と英訳	解説と訳例
	いました。 Issues at the organization still remained unresolved.
216）**崩れ落ちる** ・to collapse	
217）**口ごもる** ・to mumble ・to stammer	
218）**げんこつを振り上げる** ・to raise one's fist	
219）**好意を持つ** ・to take a liking to	
220）**（体が）小刻みに震える** ・to tremble slightly ・to quiver	通訳例 彼は体を小刻みに震えさせていました。 His body was trembling.
221）**呼吸が荒い** ・to breathe heavily	通訳例 被告人の呼吸が荒くなったのですね。 The defendant started to breathe heavily, right?
222）**心が離れる** ・to no longer love someone ・to no longer care for someone	通訳例 真由美の心はもうお前から離れている。 You no longer have Mayumi's heart.
223）**心を惹かれる** ・to be attracted to/by ・to be charmed by	
224）**小突き合う** ・to shove each other	通訳例 彼らは小突き合っていました。 They were shoving each other.

日本語表現と英訳	解説と訳例
225) 転がり込む ・to go live with (someone) ・to show up at someone's home to live there. ［物が転がり込む］ to get something unexpectedly	通訳例 彼は私のアパートに転がり込んできました。 He showed up at my apartment to live with me.
226) 逆恨みされる ・to be resented for an action upon someone. ・to receive resentment for an act of kindness	
227) サボる ・to blow off work ・to ditch work	通訳例 彼は仕事をサボっていました。 He blew off work.
228) 仕返しをする ・to take revenge on ・to give payback ・to retaliate	
229) しゃがみこむ ・to crouch down	
230) 人徳のある ・virtuous ・person of virtue/integrity［人徳のある人］	通訳例 彼には人徳があります。 He is a person of virtue.
231) 好き放題にさせる ・to let someone do whatever they wish	通訳例 被告人を好き放題にさせていたんですか。 Did you allow the defendant to do anything he pleased?

日本語表現と英訳	解説と訳例
232）**迫る** ・to press upon ［強く求める］ ・to urge ［強く求める］ ・to draw near ［近づく］	
233）**そそのかす** ・to instigate ・to rope in ・to con (into) ・to trick (into)	通訳例 これからは人にそそのかされて二度とこんなことをしないと誓えますか。 Can you promise that you will never again be roped in by someone and do this?
234）**ぞっこん惚れる** ・to be crazy in love about (someone) ・to fall head over heels for (someone)	
235）**その気にさせる** ・to make someone want to do something	通訳例 あなたが彼の誘いに乗ったことが、彼をその気にさせました。 Your agreeing to a date with him made him take that action. After you agreed to the date, he thought even more that he could have you as his girlfriend. ＊英語では文脈に応じて具体的に訳す方がわかりやすい場合がある
236）**たしなめる** ・to offer moral support and tell someone not to do something that shouldn't be done	通訳例 してはいけないと彼をたしなめてはいました。 I offered him moral support and told him not to do it.

日本語表現と英訳	解説と訳例
237）ダレる ・to get lazy	
238）血の気が引く ・to turn white (from fear) ・blood runs cold	
239）つかみ合う ・to physically fight with (someone) ・to scuffle with (someone)	**通訳例** 口論からつかみ合いになりました。 The argument led to a physical fight.
240）付きまとう ・to follow someone around ・to stalk (someone)	
241）問い詰める ・to demand an answer or action out of someone	
242）土下座する ・to apologize with head, hands, and knees to the ground ・to kowtow	
243）萎える ・to become weak ・to wither	気持ちや気力が衰えるという場合。
244）仲間割れをする ・to have a falling out with (each other) ・to have an internal discord	**通訳例** どうやら犯人グループは仲間割れをしたようです。 It seems that the perps had a falling out. ＊ perps（perpetrators 犯人たち）
245）なじる	問い詰めて責めること。

日本語表現と英訳	解説と訳例
・to blame ・to taunt	
246）涙目になる ・to be on the verge of tears ・to become teary-eyed	
247）憎からず思う ・to not dislike ・to like	「好感を持つ」「好きである」の意味。 **通訳例** 彼と個人的に話をしているうちに、あなたも彼のことを憎からず思うようになったのではないですか。 After personally speaking with him, didn't you also start to like him?
248）のけぞる ・to arch one's body backward (out of fear/after a blow) ・to bend backwards	「後方へ倒れかかる」の意味 **通訳例** 彼は殴られてのけぞった。 He got punched and bent backwards.
249）のぼせあがる ・to overheat ・to become full of oneself［自惚れる］	「怒りにのぼせあがる」など。
250）のめりこむ ・to be completely absorbed in ・to be in love ・to have strong feelings for	気持ちの上で抜け出せなくなること。 **通訳例** 彼は陽子さんに気持ちの上で相当のめり込んでいました。 He had very strong feelings for Yoko. He was quite in love with Yoko.
251）這いずる ・to crawl	**通訳例** 私は這いずるようにしてバッグに手を伸ばしました。 I was really crawling as I reached for the

日本語表現と英訳	解説と訳例
	bag.
252）羽交い締めにする ・to grab someone from behind from under their armpits with both arms	通訳例 山田さんが被告人を羽交い絞めにしていました。 Mr. Yamada grabbed the defendant with both arms from behind.
253）馬鹿にする ・to make fun of ・to make a fool of ・to insult	「からかう」と「侮辱する」のニュアンスがある。 通訳例 私は彼に馬鹿にされたと感じました。 I felt insulted by him.
254）半殺しにする ・to almost kill	通訳例 私は暴力団員と喧嘩になって殴られ、半殺しの目にあいました。 I got into a fight with a gang member and was punched, and was nearly killed.
255）反省する ・to feel sorry ・to feel remorse	
256）半身になる ・to take a ready-to-fight stance	相手に対して、からだを斜めに向けて構えること。
257）額から汗をかく ・to sweat on/from one's forehead ・to be in a state of nervousness［比ゆ的な意味で］	通訳例 彼は額から汗をかいていました。 He was sweating from his forehead.
258）びっくり仰天する ・to be astonished ・to be shocked and surprised	通訳例 彼女は私を見てびっくり仰天しました。 She was completely shocked and sur-

日本語表現と英訳	解説と訳例
	prised at the sight of me.
259）**ひどい目にあう** ・to have a terrible experience ・to be abused	ひどい扱いを受けること。 **通訳例** 彼女は夫にひどい目にあわされていました。 She has been abused by her husband. Her husband has been very mean to her.
260）**一役買う** ・to play a part in	**通訳例** その計画に奴も一役買って出ました That guy also played a part in the plot.
261）**平手で張り倒す** ・to knock someone down/over with an open hand ・to knock someone down/over with bare hands	**通訳例** 彼は私を平手で張り倒しました。 He knocked me down with his bare hands.
262）**冷や汗が出る** ・to sweat bullets	極度に神経質、または不安になっている状態。
263）**ふざけ合う** ・to romp ・to joke around	**通訳例** 彼らはふざけ合っているようでした。 It seemed like they were joking around.
264）**ブチ切れる** ・to go off the deep end ・to become livid ・to lose one's temper	ひどく怒りだすこと。 **通訳例** 夫はもともと血の気が多く、その時も、急にブチ切れたんです。 My husband has always had a temper, and at that time as well, he suddenly lost it.
265）**憤慨する** ・to get very angry/upset (over an improper/immoral/unfair	**通訳例** 彼は大変憤慨しながら私のところにやってきました。

日本語表現と英訳	解説と訳例
act)	He came to me looking very upset.
266）**閉口する** ・to get out of hand ・to be at a loss ・to be nonplussed ・to be embarrased	どうにも困っていること。
267）**辟易する** ・to be fed up with	
268）**屁理屈を言う** ・to make a specious/far-fetched argument	
269）**暴力をふるう** ・to use violence ・to physically abuse	通訳例 彼は酔うと私に暴力をふるうことがありました。 Sometimes he would physically abuse me when drunk.
270）**真面目な生活を送る** ・to live an honest life	
271）**まずいと思う** ・to think that it will be problematic ・to think that it will not be good	通訳例 彼を逃がしてはまずいと思いました。 I thought that to let him flee would not be good.
272）**見くびる** ・to underestimate ・to misjudge	
273）**見る目が変わる** ・to look at something/ someone differently from	

日本語表現と英訳	解説と訳例
before ・to perceive/judge something/ someone differently from before	
274）**身を寄せる** ・to move to something/ someone ［同居させてもらう］ ・to live with (and be taken care by) someone	通訳例 バイクが来たので、とっさに歩道側に身を寄せました。 A motorcycle came, so I immediately got out of the way and moved myself to the sidewalk.
275）**むかつく** ・to be disgusted ・to get on one's nerve	「癪に障る」の意味。
276）**夢中になる** ・to be crazy about ・to be head over heels for ・to be fascinated by	通訳例 彼は陽子に夢中でした。 He was head over heels for Yoko.
277）**胸倉をつかむ** ・to grab someone by the collar/ top of their shirt	胸のあたりをつかむというよりは、襟をつかむこと。 「胸倉」は、着物の 2 つの襟が合わさる辺りを指す。
278）**胸が詰まる** ・to get choked up	感情がこみあげてきて苦しくなること。
279）**迷走させる** ・to make someone go astray	
280）**目を凝らす** ・to look hard at ・to look very carefully at	凝視するという意味。 通訳例 私は何事かと目を凝らしました。 I looked hard to figure out what was go-

日本語表現と英訳	解説と訳例
	ing on.
281) **目を見開く** ・to open one's eyes wide ［驚く］ ・to look shocked ・to look startled	通訳例 彼は驚いて目を見開きました。 His eyes widened in surprise.
282) **もみ合う** ・to wrestle with ・to grapple with ・to tussle with	通訳例 男が夫ともみ合っているのが見えました。 I saw a man grappling with my husband.
283) **もんどりうってひっくり返る** ・to flip over	さかさまになって倒れること。 通訳例 男はもんどりうってひっくり返りました。 The man flipped over.
284) **やさしくする** ・to be kind/nice to ・to treat someone well	通訳例 彼は私にとても優しくしてくれました。 He was very nice to me.
285) **やばいことになる** ・to get into trouble ・to create a bad situation	通訳例 これはやばいことになったと思いました。 I thought we were in trouble.
286) **横っ面を殴る** ・to hit someone across the side of their face	顔の横側、頬の辺りを殴ること。 通訳例 男が平手で被害者の横っ面を殴りました。 The man hit the victim with an open hand across the side of his face.
287) **呼び捨てる** ・to call someone by their name	

日本語表現と英訳	解説と訳例
without honorific /respect 288）**寄り付く** ・to come anywhere near	**通訳例** 彼はほとんど家に寄り付きませんでした。 He seldom came anywhere near the house.
289）**弱音を吐く** ・to say things that concede defeat ・to complain	**通訳例** 彼は決して弱音を吐きませんでした。 He never complained.
290）**ろうばいする** ・to be flustered	
291）**わめく** ・to speak loudly ・to scream	**通訳例** 英語で何かわめいていたような感じでした。 He seemed to be screaming about something in English.
292）**悪びれる** ・to understand that what one did was wrong	**通訳例** 彼は悪びれた様子を示しませんでした。 He didn't seem to understand that what he did was wrong.

せりふ

日本語表現と英訳	解説と訳例
293）**うぜえんだよ** ・Shut your mouth! ・Oh, fuck off!	「うざい」は「うっとうしい、煩わしい、面倒」という意味だが、喧嘩のせりふでは「うるさい！」という意味の時もある。
294）**コケにしやがって** ・You think you can get away with (doing) that (to me)! ・You disrespecting me!?	「バカにするな」の意味もある。
295）**何様のつもりだ** ・Who the hell/fuck do you think you are?	
296）**なんだと、このやろう** ・What did you say to me, asshole!?	
297）**ヤキ入れてやる** ・I'll teach you a lesson. 　［通常、暴力的に］	

その他

日本語表現と英訳	解説と訳例
298）～しな ・as（名詞）（動詞）	「しな」は「～の際」「～の折」の意味。 **通訳例** 起き上がりしなに as he stood up
299）～ぐるみで ・the whole (group) was in (on something)	**通訳例** 会社ぐるみの犯行でした。 The crime was committed company-wide. The whole company was in on the crime.
300）**様子はどうだったか** ・How did someone/something seem?	**通訳例** その時の被告人の様子はどうでしたか。 How did the defendant seem at the time? Could you describe the defendant at the time?（主尋問の時など）
301）…まがい ・something of a ・some	**通訳例** 彼は夜の街でホストまがいのことをしていました。 He was something of a male gigolo/companion in the night scene.

第2章
訳出困難な法律用語

　一般人である裁判員が参加する裁判員制度の導入を機に、一般人にも理解しやすいように、裁判で使用される言葉の平易化が推進されてきた。法律家も、一般人にアピールしやすい話し方をするよう心がけている。このことは、要通訳外国人事件の通訳人にとっても、歓迎すべきことである。

　しかし、いくら平易化されたとはいえ、裁判では使用するのを避けて通れない専門用語は多く存在する。それぞれの用語や表現を正確に使用することは、その意図、その与える効果という点で非常に重要であり、通訳人も、それらの専門用語を正確に理解し、正確に訳す義務がある。例えば、日本語の「懲役」を英語で単に"imprisonment"とだけ訳すと「労働が伴う」という重要な要素が抜け落ちてしまう。また、日本語の「殺人」という言葉を英語に訳す場合、"murder（計画的な殺人）"と"manslaughter（計画性のない殺人）"の区別がわからなければ、正しく訳すことは出来ない（橋内・堀田 2012: 67）。

　本章では、法廷で使用される専門用語や特殊表現で、通訳人にとって理解することが難しく、したがって訳すのも難しいものを選び、対訳集という形でそれらに対する解説と適切な英語訳出例を提供する。

対訳集作成方法
　この対訳集を作成したプロセスは以下である。
・用語・表現の選択
　実際の裁判やこれまで行ってきた模擬裁判、『法廷通訳ハンドブック』（最高裁判所事務総局）、『司法通訳』（渡辺・長尾・水野 2004）などから、出現頻度の高いもの、通訳人にとって理解しづらい用語・表現を中心に選択する。

・訳語候補の選択

　日本法令外国語データベース、法律英語辞典、英米法辞典、一般辞書類を参考にしながら、選択した用語・表現に対して適切な訳語の候補をいくつか選ぶ。

・対訳集の作成

　日米の法律に詳しく、法廷通訳経験も豊富な専門家に参加いただいて検討会を行い、それぞれの用語・表現について最も適切な英訳を決め、解説も付ける作業を行う。その際、アメリカ人の法律家の意見も取り入れる。

　対訳集は五十音順になっており、左の欄に用語と英訳を載せ、右の欄で必要に応じてその用語や関連語、類語などについての解説をしている。英語の訳語はアメリカの司法制度において使用されるものが中心になっているので、英語圏の他の国々で使用されるものとは異なることがある。

　本章で取り上げている用語・表現は限定的で、実際の法廷で使われるものを網羅しているわけではない。しかし、訳語および解説を通して、日英両言語における「法律のことばの世界」を少しでも知っていただければ幸いである。

対訳集

用語と訳語	解説
悪質 ・malicious ・vicious	一般的に「悪」と言った場合、malicious が使われる 例）「悪意」 malicious intent 　　「犯罪の性質が悪い」nature of offence is malicious 　　「悪質である」malicious in nature
悪徳 ・vice ・infamous ・notorious	「悪徳」は法律用語ではなく、もっと観念的な言い回し。「悪徳ブローカー」のように、新聞などのメディアで用いられたりする一般用語。刑事事件では「徳」を云々するような状況はない。 「悪辣」の方が悪の程度が高いような印象。 「悪質」の方が表す範囲が広い。 どちらも malicious でよいが、「とても悪い」という時には vicious を使ったりする。
悪辣極まりない ・atrocious ・vicious	「悪辣極まりない」などは、atrocious など。これは非常に悪い感じを与える英語表現。 atrocious は、何かの犯罪について罪質が悪辣極まりないというような表現の時に、形容詞の叙述用法的に用いられる。犯罪の悪質性をカテゴライズするような時には、形容詞の限定用法として、名詞の前に heinous を冠し「凶悪」の意味を持たせる。 参考　「凶悪犯罪」は heinous crime と表現される。（後述） 日本語と英語では、完全に範囲が一致することはないが、やはりそれぞれ、悪のレベルに応じて言葉を使い分けている。
異議 ・objection	法廷で「異議」という時には objection が一般的。 類似の表現 exception や demurrer という表現もあるが、これらは「異議申立て」など、民事その他の手続上出

用語と訳語	解説
	てくる用語。exception は、日本でいうところの（準）抗告に近い意味をもち demurrer と共に、訴訟手続中に生じた問題に対して行われるアクションのようである。アメリカでは、motion to dismiss がこれに代わって使われるようになった。objection は、法廷で訴訟進行中に相手の発言の誤謬や誘導その他の不適切な尋問に対して裁判官に口頭で異議を訴えて裁判官の即時の判断を仰ぐときに用いられる。 **参考** ＊「抗告」（kokoku appeal）は裁判所の決定に対する不服申立てのこと。 　「準抗告」（quasi-kokoku appeal）は捜査から第1回公判までに裁判官が行う命令に対する不服申立て及び捜査機関の処分（差押えなど）に対する不服申立てのこと。
遺棄する ・abandon	**類似の表現** derelict 「怠慢」という意味が入ってくる。 desertion 「脱走」「職場放棄」なども意味する。
遺族 ・the family of 　the deceased	**類似の表現** the bereaved the family of the deceased の方がより網羅的。the bereaved は「被害者」の家族を意識した言葉。死者の家族は一般的にすべて「遺族」である。
一般予防 ・general prevention	刑罰の目的は、罪を犯した者を罰することと、将来の法令違反行為を抑止することである。「一般予防」とは、ある人を罰することで、社会の人々に、このような罪を犯してはいけないという警告を与え、同じような犯罪が起きることを防ぐこと。 例）「一般予防の見地から」from the general

用語と訳語	解説
	preventive view **参考** 「特別予防」special prevention
命乞い ・merciful plea to save one's life	冒頭陳述などで、事件のあらましを法律家が述べたりする際に、「被害者が命乞いをしたにも関わらず殺害した」というような文脈で出てくる。 「慈悲にすがって命を助けてくれと頼むが、相手はその気持ちすら持っていない」というような気持ちを盛り込んだ表現。 **類似の表現** to beg for one's life to plead for one's life 文脈によっては、単に begging ということもある。
違反 ・violation	
違法行為 ・illegal act ・illegal conduct ・offense	文字通り言えば illegal act あるいは illegal conduct となる。 **類似の表現** misdemeanor 軽犯罪というカテゴリーになってしまうので、正しくない。 malpractice ただ（道徳的にも）悪いこと。 misconduct 軽犯罪法などでよく使う。 violation of law 違反であって、行為ではない。 delict は、「不法行為」に近い意味を持ち、主に民事で使われ、刑事では使わない。
遺留品	tangible property left at the scene having relation to the incident/accident

用語と訳語	解説
・article	説明的だが、このように言えば内容が明確になる。「遺留品」とは犯人等が残したもの。「遺失物」とは違う。 evidence とすると、証拠として価値を認めてしまったことになる。そうでない場合もある。
威力 ・intimidating force ・threat ・threatening force	「威力を示す」「威力をもって」などの表現。 「威力妨害」などの法律用語もある。 force はただ単に力。threat は脅し。 force は「有形力行使」。石を人に向けて投げるだけで暴行罪になることもある。assault にも有形力行使によって相手が恐れを抱く場合の行為という意味がある。 threat は言葉だけの脅しも含む。 力だけでなく脅しのニュアンスも含むと threatening force となる。 例）「威力業務妨害」forcible obstruction of business
因果関係 ・causation ・causality ・cause and effect	causation と causality は原因を中心とする言い方。結果まではっきり言うなら cause and effect となる。 法律家は relevancy between cause and effect というような言い方をする。
隠匿する ・to conceal	刑事では、conceal がよく使われる。法律用語としては一般語の hide よりも正式といえる。
隠滅する ・to destroy ・to tamper	一般的には destroy をよく使う。 tamper は、いじくりまわすというような内容。証拠などをダメにするという意味。 altar も似たような意味だが、特に証拠や資料をダメにする時には tamper を使う。 例）「証拠隠滅」tampering or destroying evidence
員面調書	司法警察員の「員」。司法警察員の面前でなされ

用語と訳語	解説
· protocol recording statement (of the accused/witness 人の名前) made to a judicial police officer	た供述を、当該司法警察員が書き取った調書の意味。 「調書」は「一定の書式を整えたもの」という意味で written statement よりも protocol を使う。 警察の調書はまさに形式を整えたもの。 **参考** protocol recording statement (of the accused/witness 人の名前) made to a public prosecutor とすれば、「検面調書（検察官の面前でなされた供述を当該検察官が書き取った調書)」。
営利目的で · for gain	gain は「利益を得る」、「利得を得る」、「儲ける」の意味。この中に profit（利益）の意味が入っている。
怨恨 · grudge · resentment	resentment は「怨恨」「怨嗟」という意味でも使われるが、これだけだと「憤り」「憤慨」というニュアンスで受け止められる可能性がある。
冤罪 · false charge	**類似の表現** false accusation 「虚偽告訴罪」の意味。例えば、根拠もないのに嫌がらせで警察に被害届、告訴状を出した場合、虚偽告訴罪に問われる。 「冤罪」は起訴されて裁判になってからの状態で、false charge は起訴された後に使われる。
押収 · seizure	search and seizure（捜索と差押え）のように、セットで使われたりする。 例)「捜索差押調書」protocol recording procedures of search and seizure
殴打する · to batter · to strike · to punch	どのように殴るかで訳語が決まる。 strike　物を使って殴る punch　強く殴る beat　何度も殴る　など。

用語と訳語	解説
・to beat	batter のニュアンスが「殴打する」に近い。 batter の名詞形の battery は、「殴打」「故意の接触」「不法接触」の意味。体だけでなく、持っている物に触る場合も使える。assault は、まったく触らない場合も含む。 **参考** assault and battery「暴行」
応報 ・retribution	弁論か論告の中で、「報い」「因果応報」の意味で使われたりする。 刑罰の目的の 1 つ。他に更生と予防などがある。
落ち度のない ・no fault	「何の落ち度もない被害者を…」というような決まり文句。 例）「彼には落ち度がない」He is not at fault.
悔悟の情 ・remorsefulness	
改悛の情 ・repentance toward 　rehabilitation	「改悛の情」には、前非を悔いて今後心を入れ替えるというニュアンスが加わる。将来の更生を視野に入れている。
開廷 ・opening of the trial ・commencement	裁判の最初に日本では「開廷します」と言うが、アメリカでは "All rise." と言い、みな立ちあがる。 例）「裁判所は開廷を宣言した」The court has 　　announced commencement of the trial. convening of the trial は、陪審員選任手続も含めた裁判の手続開始の時に使い、実際の公判開始時には全体としての手続はすでに始まっていることになる。
返り血 ・blood splatter of	単に血がついているのではなく、自分の血ではない他の人の血がかかったことになる。

用語と訳語	解説
other persons	
加害行為 ・assailment ・act of assailment ・act of causing damage	 「加害者」は assailant。刑事責任がある場合に限る。日本では、交通事故での人身傷害を刑事罰の対象としているので、これは交通事故などでも使える。しかし、アメリカでは酒気帯びや無謀運転などの例外を除いて、自動車運転過失致死傷の刑事罰がほとんどの州で無いので、assailant を同国で交通事故の加害者として使うのは不適切であり、使われていない。刑事・民事を問わず、「害を加えた人あるいは害を惹起した人」という場合には、damage causer という表現を使うと意味がはっきりする。これは、保険の約款などに散見される英語だが、多くの人にとってわかりやすい表現なので、広い利用が期待されてよいと考えられる。 perpetrator は単に「犯罪を行った人」の意味。 victimizer はアメリカでは使わない。
確信犯 ・ideologically motivated offender	法律用語としては、政治、宗教、その他個人的信条に基づいて行動して犯罪を行うことを指す。本人が悪いことではないと確信して犯罪を行うこと。一般的に言う確信犯とは意味が違う。
核心部分 ・essential part	例)「証言の核心部分」essential part of the testimony
覚せい剤 ・stimulant ・stimulant drug ・awakening drug	アメリカの捜査機関や法律関係者の間では「覚せい剤」のことを speed あるいは meth と呼んでいる。meth は methamphetamine（成分名）の略である。
確定的故意 ・determinative intent	日本の刑法の解説では、「過失」と「故意」を以下のように、さらに分けて説明することがある。 認識ない過失

用語と訳語	解説
	認識ある過失 未必の故意 確定的故意
過失傷害 ・inflicting a bodily injury through negligence	
過剰防衛 ・excessive self defense	
仮釈放 ・parole	
科料 ・minor fine	「科料」と「過料」は発音が「かりょう」で同じため混同するので、それぞれ「科料（とがりょう）」「過料（あやまちりょう）」と読んで区別することがある。
過料 ・administrative fine	これは行政罰である。 前述のように「科料（とがりょう）」と区別するために「あやまちりょう」と言う。
監禁 ・confinement	
鑑識係 ・forensic identification service section	forensic identification service sectionという表現なら、アメリカ人にもよく理解できる。単なるidentification は、「識別」のようなニュアンスになり不十分。
鑑定書 ・expert examination report	expert opinion という表現が時々使われるが、「鑑定書」の「書」の意味が欠落している。

用語と訳語	解説
棄却 ・dismissal	類似の表現 denial これは単なる「否定」の意味になる。 「棄却する」という動詞には、dismiss, quash が使われる。
偽証罪 ・perjury	
偽装 ・camouflaging ・camouflaging for suppression of evidence	刑事事件では、証拠隠滅が絡んでくることがあるので、このように説明的にするとわかりやすい場合がある。
偽造 ・forgery ・counterfeit	
起訴状 ・written indictment	letter はあまり使わない。 アメリカでは簡単に charge sheet という。
求刑 ・recommended penalty	特に「検察官の」という言葉を入れなくても通じる。
凶悪 ・heinous ・vicious ・ferocious	heinous crime というカテゴリーでよく使う。殺人、強盗致傷、強姦など。 アメリカ人は heinous という言葉を使う。アメリカの法律家も、heinous crime は、重大、悪質な犯罪であるという意識がある。 日本での裁判員裁判対象の事件も、heinous crime が多いと言える。 felony も凶悪犯罪を意味するが、特に重大な犯罪を類別する時に、heinous crime というような表現が使われる。

用語と訳語	解説
	参考 日米地位協定では、在宅で身柄が米軍側にある場合、起訴前までは米軍が被疑者の身柄を預かるということになっている。しかし、1998 年に沖縄で起こった米兵による少女への暴行事件の後、heinous crime の場合は日本側に身柄を引き渡すという合意事項ができた。
凶器 ・lethal weapon ・deadly weapon	たいていの場合、死に至らしめるような場合に使う。
供述書 ・written statement	「供述調書」になると、protocol recording the statement
脅迫 ・intimidation ・threat	罪名としては intimidation
共謀 ・conspiracy	conspiracy (with 〜) という形でよく使う。
恐喝 ・extortion	
強固な殺意 ・firm homicidal intent	
教唆 ・instigation	
強制わいせつ ・indecency through compulsion	

用語と訳語	解説
・forcible indecency	
共同正犯 ・co-principal	2人以上が共同して犯罪を実行した場合をいう。全員が正犯として処罰される場合に使う。
共犯 ・complicity	複数の人間が同じ犯罪に関わると「共犯」となる。全員が正犯であるとは限らず、幇助犯や教唆犯が含まれることもある。
業務上過失致死傷 ・causing death or bodily injury through professional negligence	自動車を業務として運転しているというような場合、起訴状の中では in the conduct of business のように言う。以前はほとんどの交通事故の傷害と死亡事件は、この罪で処理されていたが、平成19年に新設された「自動車運転過失致死傷罪」が、この「業務上過失致死傷罪」に変わった。さらに平成26年の「自動車運転死傷行為処罰法」の施行に伴い、これは「過失運転致死傷罪」として刑法から同法に移管された。 参考 「過失運転致死傷」 causing death or bodily injury through negligence in driving
強要 ・compulsion	刑法でいう「強要」は、脅迫または暴行を手段として、相手に義務のないことをさせたり、権利の行使を妨害したりする犯罪である。英語にする場合には、「強要罪」として「罪」を加えて crime of compulsion とすると明確になる。 これを正確にわかりやすく説明すれば以下のようになる。 crime of causing another to perform what he/she is not bound to perform or hinder him/her from executing a right to which he/she is entitled by the use of violence or by communicating the threat to the life, the person, the liberty, the reputation, or the

用語と訳語	解説
	property of him/her or their family or relatives.
虚偽の証言 ・false testimony	
極刑 ・the supreme penalty	最も重い刑という意味なので、日本では死刑を指す。
緊急避難 ・averting imminent danger	英米法辞典では necessity となっているが、これは「必要に駆られて」という広い意味になってしまう。 急迫不正の危険を回避するという意味なので averting imminent danger とするのがよい。
禁錮 ・imprisonment without forced labor	imprisonment だけでもがよいが、「懲役（imprisonment with/at forced labor）」とはっきり区別するために without forced labor を付ける。
金銭上の ・pecuniary ・monetary	
金品 ・money and valuables	価値のないものは盗まないと思うので、「品」の部分を valuables とする。
金品を物色する ・to rummage ・to ransack	rummage for　袋の中を探るようなニュアンス ransack for　かき回して探すようなニュアンス
偶発的 ・accidental	contingent を使うと「緊急」のニュアンスになる。
刑事責任 ・criminal	

用語と訳語	解説
responsibility	
刑の言い渡し ・rendition of sentence	
刑の加重 ・augmentation of penalty 刑の減軽 ・reduction of penalty	刑罰がどのように科せられるかは法律によって規定されていて、これを法定刑という。その法定刑を加重したり減軽したりすることがある。刑の加重が行われるのは併合罪と累犯の場合に限られている。加重と減軽を行う場合にも順序があるし、その程度と方法も決められていて、それが刑法で規定されている。刑を加重する規定には、「再犯加重（57条）」や「併合罪の加重（47条）」があり、減軽する場合には「法律上の減軽（67条）」や「酌量減軽（66条）」がある。 刑の加重や減軽が行われるのは、懲りない犯罪者に重い罰を科したり、同情すべきあるいは考慮すべき事情のある犯罪者にはその情状を酌んで刑を軽くしたり、複数の犯罪の刑罰を単純計算で加えると不当に過大な刑罰になったりするのでこれを調整したりして、刑罰を公正なものとするためである。
刑の執行猶予 ・suspension of execution of sentence	犯罪者が自力で立ち直ることに期待する場合、あるいはその他の事情で、文字通り、刑の執行を猶予することである。一定の条件を満たした場合に、刑の執行を猶予することができることが刑法25条に規定されている。
刑の免除 ・remission of penalty	「過剰防衛」や「過剰避難」といわれる行為によって犯罪が行われた場合など、事情によって刑罰を科さない時に「刑の免除」が行われる。
免訴 ・acquittal	「免訴」とは、刑事訴訟法第337条に規定されている場合に、「有罪」「無罪」の判断をする事実審

用語と訳語	解説
	理の裁判を行わないで、「免訴」の「判決」を行うこと。 「確定判決を得た時」「犯罪後の法令により刑が廃止された時」「大赦があった時」「時効が完成した時」などに行われる「判決」。親告罪における告訴は訴訟条件であるが、告訴なしに起訴した場合、「免訴」の判決になるのではなく、「公訴棄却（dismissal of prosecution）」の判決となる（刑事訴訟法第 338 条）。
刑の減免 ・reduction or 　remission of 　penalty	刑を減軽したり免除したりすること。
頚部圧迫 ・compression on 　cervical region	参考 圧迫痕を compression という。
血液反応 ・blood reaction	一般用語でも blood reaction。
結果の重大性 ・seriousness of 　consequences	
血こん ・blood stain	
現行犯人 ・flagrant offender	現に罪を行っているところを発見された、ちょうど罪を行い終わったところを発見されたという場合に言う。このように犯行の事実がはっきりとしている場合の逮捕は、逮捕状がなくても人権侵害になるという問題はない。
検察官 ・prosecutor	

用語と訳語	解説
検死 ・post-mortem examination	
現住建造物放火 ・arson of inhabited structure	「現住建造物」とは、現に人が住居として使用している、あるいは現に人のいる建造物等を意味する。
現場検証 ・on-the-spot/on-the-scene examination	事故、事件、どちらにも使える。
現場見取り図 ・diagram of the scene of the incident	diagram とは、見取り図、線図、略図、図形、図表、図式、一覧図、図解などのこと。
原判決 ・original judgment	judgment of the district court のように具体的に言ってもよいが、簡易裁判所から高裁にいくものもあり、必ずしも地裁ではない。
故意 ・intention ・intent	
勾引する ・to bring a person compulsorily to a designated location	逮捕とは違う。例えば、証人が出廷しなかった場合は、法廷まで勾引してくるというようなケース。被告人に限らないので、a person とする。強制的に連れてくるので、compulsorily。 【類似の用語】 subpoena 普通召喚状で呼び出すことを指す。
合議体 ・collegiate body	日本の裁判システムを表すのに適切な表現。高等裁判所の段階までの合議体は3人の裁判官によるが、最高裁判所では、5人から15人までの

用語と訳語	解説
	数の裁判官によって審理されるので、裁判官の数を正確に述べる必要がある時には、collegiate body of three judges（five judges, ...）などとすれば良い。
絞殺 ・strangulation	
更生 ・rehabilitation	
向精神薬 ・psychotropic drugs	中枢神経系に作用し、精神機能に影響を及ぼす薬剤の総称。 **参考** 現在、刑事法で違法薬物を禁止している法律で、俗に「麻薬四法」と呼ばれているものは、「あへん法」（The Opium Law）「大麻取締法」（The Cannabis Control Law）「覚せい剤取締法」The Stimulant（Awakening）Drugs Control Law「麻薬及び向精神薬取締法」（The Narcotic Drugs and Psychotropic Drugs Control Law）で、その他、刑法第 136 条から第 141 条までに「あへん煙に関する罪」（Crimes Relating to Smoking Opium）の規定がある。
控訴 ・*koso* appeal ・appeal to the higher court	刑法の翻訳では、日本のシステムとして *koso* appeal となっている。または、appeal to the higher court と説明的に訳す。 **参考** 上告 最高裁に行くのは *jokoku* appeal。あるいは、appeal to the supreme court とする。
公訴棄却 ・dismissal of prosecution	

用語と訳語	解説
控訴棄却 ・dismissal of *koso* appeal	
公訴事実 ・facts constituting the offense charged	
公訴事実の要旨 ・summary of the facts constituting the offense charged	
公訴の提起 ・institution of public prosecution	
強盗 ・robbery	「強盗」は罪名。行為は「強取」という。英語ではどちらも robbery。
公判前整理手続 ・preparatory procedure of sorting evidence before a public trial	これは、証拠調べをするわけではなく、両方の主張を聞き、立証の予定を立てる手続き。 pre-trial preparatory procedure/preparatory procedure before a public trial/pre-trial arrangement proceedings 上記のような表現も可能であるが、このような全体的な表現ではなく、「証拠を整理する」という点を明確にしようと思えば sorting evidence を入れる。 参考 アメリカの場合、「予審」の手続きがあり、preliminary proceedings と言う。
公判調書 ・protocol recording a public trial	

用語と訳語	解説
交付 ・issuance	「交付」にもいろいろある。普通に交付する場合は、delivery でも良いが、例えば詐欺などで、何かを「交付する」というように犯罪に関わる文脈で使うこともある。偽造した文書を使って官公庁から証明書などを取得した場合には、「区長をして○○を交付させ」というような言い方をするが、このような場合は issuance のほうが良い。なお、偽造証書や貨幣などを使用する場合の「使用する」に当たる英語の動詞は utter である。
合理的疑い ・reasonable doubt	決まり文句である。 例）「合理的疑いを超えて」beyond a reasonable doubt
拘留 ・penal detention	刑罰としての拘留なので、「勾留」（detention）に対して、penal detention となる。
勾留理由開示 ・proceedings to disclose the reason for detention	勾留されている被疑者・被告人、弁護人その他の一定の利害関係人からの請求に基づいて、公開の法廷で、裁判官がいかなる理由で勾留したかを明らかにする手続。
告訴 ・filing of complaint	
告発 ・lodging of accusation by a third party	告発とは、犯罪を知った第三者が行うものなので、単に accusation では十分ではない。なお、子どもが被害を受けて親が行う手続きは「告訴」である。
告知 ・notification	informing や information より適切。
誤想防衛 ・mistaken self-defense	

用語と訳語	解説
誤導 ・misleading	ある前提事実がないにもかかわらず、その前提事実が存在するものとして尋問するなど、根拠のない誘導のこと。法廷で「異議」の根拠として挙げられることがよくある。 **参考** 「誘導尋問」leading question
罪質 ・nature of offense	犯罪の刑事学的性質という意味。
最終陳述 ・final statement of the accused	最終陳述は被告人によるもの。
再主尋問 ・redirect examination	「再再」の場合は re を重ねる re-redirect examination
罪状認否 ・procedure to confirm the defendant's acknowledgment of the charges	刑事裁判の冒頭手続の中で、起訴状記載の公訴事実の内容に間違いがないか確認すること。 **参考** アメリカでは arraignment だが、ここでは、有罪か無罪か答弁する。無罪答弁を行った場合に、裁判が行われる。有罪答弁をすると、裁判を受ける権利を放棄することになる。 これは、日本の手続とは違うので、「罪状認否」とは言わずに「アレインメント」とカタカナで書いているケースが多い。
罪責 ・criminal responsibility	犯罪を行った責任。
罪体 ・elements constituting the	犯罪事実のこと。情状事実と対比して使われる。

用語と訳語	解説
offense ・main body of the offense	
在廷証人 ・witness standing by	控えている証人。いつでもすぐに呼べる、控室にいる証人のこと。これには、召喚手続なしに尋問できる。 witness in court は、証人がただ法廷にいるという意味。 witness appearing voluntarily before the court と言えば説明的に正しく意味が伝わるが、witness standing by でも十分。 **類似の表現** stand-by witness（予備証人） アメリカの裁判などで、場合によっては証言の必要がある時に備えて待機させておく証人。
再犯 ・a second offense ・repeating offenses ・recommitment of an offense	一般用語では犯罪を繰り返すことで、法律用語では刑法 56 条の要件に該当する犯罪を言う。「再犯」は新たに犯した罪が 1 回目のケース。「累犯」は 3 回以上の罪も含む。 **類似の用語** recidivism この用語は、同種の犯罪を繰り返す、日本の刑法の「常習」に近い意味でアメリカの法律家が使っている。
罪名 ・name of an offense	
在留期間 ・period of stay	外国人が日本に滞在することが許された期間。
在留資格 ・type of visa	これはビザの種類を意味する。
詐欺	

用語と訳語	解説
・fraud	
差し押さえ ・seizure	
差し戻し ・remand	
殺意 ・homicidal intent ・murderous intent	murderous とすると「謀殺の意図」の意味。
殺傷能力の高い ・highly lethal	
殺人 ・homicide ・murder ・manslaughter	homicide は、murder「謀殺（計画性のある殺人）」と manslaughter「故殺（計画性のない殺人）」の両方を含む。日本では、「殺人」という一つの罪名ですべての「故意に人を殺す」犯罪を包括している。
参考人 ・person other than suspect ・possible suspect ・could-be suspect ・witness ・eye-witness ・victim	法律上は、「参考人」は「被疑者以外の者」を言うので、「被害者」も「参考人」に含まれる。マスコミは「重要参考人」を「犯人」あるいは「被疑者」という意味で使っている。 「被疑者以外の者」でも、アメリカでは場合によっては権利告知をするが、日本ではしない。 疑わしい人物が複数いて、まだ犯人を絞り切れない時に参考人として事情聴取する。これらの「疑わしい人物」は、ほとんど被疑者候補であると言ってよい。ところが、目撃者や被害者に事情を聴く時のように、その人を全く疑っていない場合の事件関係者、証人、被害者なども、前記のように「参考人」となるので、その場合は witness や victim などとし、適宜状況に応じて訳し分ける必要が生じる。

用語と訳語	解説
残忍さ ・brutality	
至近距離で ・in close proximity	
死刑 ・death penalty	
事後強盗 ・constructive robbery	窃盗犯が、盗んだ物を取り返されるのを防いだり、逮捕から逃れたり、証拠を隠滅したりするために被害者や第三者を暴行・脅迫すると強盗罪と同じに扱われる。
事実誤認 ・error in fact finding ・fact finding error ・erroneous findings of fact	
事実認定 ・fact finding	
自首する ・to surrender oneself ・to turn oneself in	任意に物を差し出す「任意提出」は、voluntary surrender という。犯人が自首するという意味では、oneself をつける。会話では、turn oneself in を使ったりする。
事情聴取 ・interrogation ・interview	interrogation は「尋問」とほとんど同じ。「被疑者または犯人ではないかと疑われている人物」への事情聴取など。 単なる証人に事情聴取する場合はinterviewでよい。
刺創 ・stab wound	

用語と訳語	解説
示談 ・private settlement ・out-of-court settlement	
失火 ・fire caused through/ by/due to negligence	法律用語としては前置詞の through を使う。

実況見分調書
・protocol recording
  the procedure of
  on-the-scene
  investigation	

実刑
・sentence of
  imprisonment
  without suspension
  of execution
	執行猶予のつかない判決を「実刑」というので、英訳は説明的になる。

失血死 ・death from blood loss	

実行の着手
・first step in
  a direct movement
  toward the
  commission of the
  offense
	裁判で、どこをもって「実行の着手」とするか議論の的になることがある。例えば、マッチを持ってうろうろしていたら放火の実行の着手なのか。用語の解説として discernible behavior（認識できる行動）というように書いてあることがあるが、これとは意味が少し違う。

執行猶予 ・suspended sentence ・suspension of	

用語と訳語	解説
execution of the sentence	
執拗な ・tenacious	行為をしつこく繰り返すという意味。
自白 ・confession	
自白調書 ・protocol recording the statement of confession	
私文書偽造 ・forgery of a private document	国または地方公共団体の機関、または公務員がその職務上作成した文書が「公文書」で、それ以外はすべて「私文書」。
司法解剖 ・forensic autopsy	
釈放 ・release	
釈明 ・explanation	
酌量減刑 ・reduction of punishment according to mitigating circumstances	
住居侵入 ・intrusion upon habitation	学校などの建造物もあり、住宅とは限らないので、another person's residence を使うのは適当でない。

用語と訳語	解説
	trespass（住宅、土地への不法侵入）アメリカ人がよく使う。
手拳 ・fist	closed fist という場合もあるが、単に fist でよい。
主尋問 ・direct examination	証人を申請した側からの尋問。相手側の証人に対する尋問を「反対尋問」（cross examination）という。
出血性ショック死 ・death by hemorrhagic shock	
主文 ・text	判決の結論部分。 main text などとする必要はない。
首謀者 ・principal	
傷害 ・bodily injury	
傷害致死 ・bodily injury resulting in death	
情況証拠 ・circumstantial evidence	「間接証拠」（indirect evidence）のこと。
証拠隠滅 ・tampering/destruction of evidence	suppression of evidence という表現もあるが、この表現は必ずしも犯人の行為を指すわけではなく、裁判所が証拠を法廷に提示されないよう裁定するような時にも用いる。その場合は dismissal

用語と訳語	解説
	と同様の意味。
上告 ・*jokoku* appeal ・appeal to the supreme court	日本語の「上告」をそのまま用いている。
証拠調べ請求 ・request for examination of evidence	
証拠等関係カード ・list of the exhibits, etc.	日本語では「カード」と言っているが、実物はカードではなく表であり、証拠のリストとなっている。
証拠調べ ・examination of evidence	
証拠能力 ・admissibility of evidence	法廷に証拠として提出される資格があることを「証拠能力」があるという。 **参考** 「証明力」probative value 「証拠能力」は証拠としての資格であるのに対し、「証明力」は証拠としての価値を意味する。
証拠の標目 ・list of exhibits	
証拠の保全 ・preservation of evidence	
常習性 ・recidivism	

用語と訳語	解説
情状 ・circumstances	良い情状と悪い情状がある。検察官も自分の主張において、情状という表現を使う。 被告人に有利な場合は mitigating を付ける。
情状証人 ・character witness	情状証人は、主に被告人の人柄について述べるから。生い立ちなども含めて character という言葉を用いることができる。
上申書 ・written statement submitted to the authority	警察、検察庁、官公庁などに個人が出すものなので、そういう性格を考えると、このような表現になる。
焼損する ・to destroy by burning	
譲渡する ・to transfer	
証人 ・witness	「参考人」の項でも述べたが、witness が「参考人」という意味で使われることもある。
証人尋問 ・examination of a witness	日本では証人尋問とは別に被告人質問（examination of the accused）が行われるが、司法取引が発達しているアメリカでは裁判での被告人に対する質問はほとんど行われない。ただし、量刑手続（sentencing/sentencing session）の時には、被告人が主に情状酌量を求めて証言する。
少年院 ・juvenile reformatory school	
証明力 ・probative value	その証拠が裁判官や裁判員に心証を持たせる力があるかどうかという実質的「価値」のこと。 「力」を power とせず value とする。

用語と訳語	解説
書記官 ・court clerk	
嘱託殺人 ・homicide of a person on her/his request	被害者が加害者に要請して殺してもらう。mercy killing などと表現されることもある。
職務質問 ・ex officio questioning	
所持者 ・possessor **所持する** ・to possess something on one's person/residence	「所持」と「所有」は違う。「所持者」とは、人が物を実際に持っている、あるいは他の場所に保管していてその物を占有状態に置いている場合に使い、「所有者」とはその物に対する所有権を有する者を言う。 ■参考■ 「所有者」　owner 「管理者」　administrator 「保管者」　custodian ■類似の用語■ holder 権利とか肩書のようなものについても用いられ、物理的に持っていない場合もある。
書証 ・documentary evidence	
処罰感情 ・feeling of penalization	
初犯 ・first offense	

用語と訳語	解説
諸般の事情 ・all the circumstances	
所有者 ・owner	
所有する ・to hold ownership of	
思料する ・to consider ・to deem	「思う」「考える」という意味の、法律上の判断を表す言い方。実際の法廷で弁護人や検察官が意見を述べる際に使う。
親告罪 ・crime subject to the victim's filing complaint	告訴権者が告訴しないと起訴できない。 親告罪で告訴なしに起訴した場合には公訴棄却の判決となる。（刑訴法 230 〜 233）
心証 ・evaluation of evidence	
心神耗弱 ・feeble/weak mindedness	精神の障害によって、行為の是非を弁別する能力、またはその弁別に従って行動する能力の著しく低いこと。
心神喪失 ・insanity	精神の障害によって、行為の是非を弁別する能力、またはその弁別に従って行動する能力がないこと。
身体検査 ・body search ・frisking	frisking　ボディチェックをすること。 法律用語としての「身体検査」は、令状によって裸にする態様のものも含むので、衣服の上から探るボディチェック以上のものも含まれる。

用語と訳語	解説
身体の枢要部 ・the major body parts	「枢要部」とは、四肢を除く身体の全部分のこと。
診断書 ・written diagnosis	
人定質問 ・personal identification question	
親和性 ・addiction ・dependency	刑事用語として使われる「親和性」とは、「依存性」のこと。次のような文脈で使われる。 「被告人には覚せい剤に対する親和性が認められるので、被告人が再び覚せい剤を使用する可能性は極めて高い。よって被告人に対しては刑務所内で矯正教育を施す必要がある」 　**参考** 化学の分野での「親和性」は affinity となり、ある物質が他の物質と容易に結合する性質や傾向のことを言う。 「相性がいい」というような意味で使用される時には compatibility などが使われる。
推認できる ・inferable	
精神鑑定 ・expert's psychiatric evaluation	「鑑定人」による「鑑定」なので expert という言葉が必要。
性的暴行 ・sexual assault	
正当防衛	英語では self defense という表現を使うが、これ

用語と訳語	解説
・legitimate self defense ・justifiable self defense	は「自己防衛」という意味である。 日本では、自己防衛について、正当かそうでないかの区別があるので、ここでは「正当である」という意味を加える。 **参考** 「過剰防衛」 excessive self-defense 「誤想防衛」 mistaken self-defense
責任能力 ・mental competency	criminal responsibility という訳語が当てられることがあるが、これは「刑事責任」であって、正しくない。
接見 ・interview at a detention facility	単なる interview では、不十分。
切創 ・incised wound	
窃盗 ・larceny ・theft	
是非弁別 ・telling right from wrong	
善悪の判断能力 ・ability to tell/ judge right from wrong	
前科 ・previous conviction ・ex con	

用語と訳語	解説
宣告する ・to pronounce	
全身打撲 ・contusion all over the body	
宣誓 ・oath	take an oath（宣誓する）のように用いられる。swear は oath の中で、"I swear..."（…することを誓います）のように動詞として使われる。
全治 1 カ月 ・requiring one month to heel completely	
訴因 ・count	実際には、刑事事件の場合、「公訴事実（facts constituting the offense charged）」と同じことを指す。
訴因変更 ・change of counts	
捜査 ・investigation	
捜査員 ・investigator	
捜索 ・search	
捜査報告書 ・investigation report	
争点 ・point of issue	

用語と訳語	解説
送致する ・to forward a case	警察から検察庁、税関から検察庁のように事件を送ること。ただし、簡易裁判所の事件を地裁に送致する、というような場合もある。 例) 「検察庁に事件を送致する」 forwarding a case to the public prosecutor's office
相当な理由 ・probable cause	
訴訟指揮 ・presiding over the trial ・control of court proceedings	裁判長のことを presiding judge という。
訴訟手続き ・court proceedings	
訴訟能力 ・competency to stand trial	アメリカでは、「年齢が達していなくて訴訟能力がない」などのように、精神的な状態を言う。 ＿類似の表現＿ capacity to sue capacity to action litigation capacity 民事事件での言い方。 民事で弁護士の助力を受けずに本人訴訟を行った場合などで、手続きがわからないので全然裁判が進まないことがある。しかし、日本の裁判官は「訴訟能力がないのだから弁護士を付ければよいのに」と心に思っても、口に出して言うことはない。
訴訟費用 ・court cost	

用語と訳語	解説
第一審 ・trial of the first instance	
逮捕 ・arrest ・apprehension	
逮捕状 ・arrest warrant ・warrant of arrest	
単独犯 ・offender committing a crime without an accomplice ・solo offender	
短絡的犯行 ・thoughtlessly committed crime ・short fused commission of a crime	short fused は、「キレて」「短気な」という意味の表現
窒息死させる ・causing death by suffocation	
懲役 ・imprisonment at/ with forced labor	
調書 ・protocol	

用語と訳語	解説
直接証拠 ・direct evidence	アメリカでも日本でも同じで、自白などの direct evidence と、指紋や髪の毛など間接的な証拠である indirect evidence がある。
陳述する ・to make/give a statement	
通貨偽造及び行使 ・counterfeiting of currency and uttering of counterfeit currency	
罪となるべき事実 ・facts constituting the offense charged	
DNA 型鑑定 ・DNA test	
出刃包丁 ・kitchen knife of heavy and rough use	単に kitchen knife では不十分。 包丁は形状や使用目的に応じて説明的に訳す。
電磁的記録不正作出 ・unlawful production of electromagnetic records	「電磁的記録」とは、電子・磁気などで作られる記録で、電子計算機による情報処理に使われるもののこと。
伝聞証拠 ・hearsay evidence	ある事実を体験した者の供述を聞いた他人がそれを公判廷で供述する伝聞供述のほか、体験者自身が体験した事実を書面に記して裁判所に提出する供述書などがある。
同意する	

用語と訳語	解説
・to consent ・to give consent to **動機** ・motive **当事者** ・party ・parties concerned **逃走経路** ・escape route **通り魔** ・phantom killer **通り魔的犯行** ・phantom-like offense **特別予防** ・special prevention **取り調べる** ・to interrogate **内縁関係** ・common-law marriage relationship **任意性** ・voluntariness **任意同行** ・voluntary	 ある人を罰することで、その人に一度犯した罪を二度と犯させないようにすること。 【参考】 「一般予防」general prevention

用語と訳語	解説
accompaniment to the police ・consensual police escort	警察官の求めに応じて、最寄りの警察署などへ同行すること。意に反して行く必要はない。
認識ある過失 ・willful negligence ・conscious negligence	
捏造 ・fabrication	「偽造」が物など具体的なものについて言うのに対し、「捏造」は、事実でないことを本当らしく作り上げるというような、より抽象的な事柄に対して使う。
陪席の裁判官 ・associate judge	
破棄 ・quash ・dismissal	quash は、動詞としても名詞としても使う。
運び屋 ・illegal carrier	類似の用語 trafficker 「取引する人」の意味。
罰金 ・fine	
罰条 ・penal provisions	
相当法条 ・applicable articles of laws and ordinances	applicable を付けることで、「相当法条」という意味になる。 参考 「罪名・罰条」

用語と訳語	解説
	charges and applicable articles of laws and ordinances
犯意 ・criminal intent ・mens rea	罪を犯す意思のこと。
判決 ・judgment	
判決書 ・written judgment	
犯行現場 ・crime scene	
犯行時間帯 ・time of offense	
犯行態様 ・nature of perpetration	犯行のありさまのことを言う。
犯罪事実 ・facts constituting the offense	
犯罪性向 ・criminal propensity	犯罪を行う性質や傾向のことを言う。
犯情 ・circumstances of a crime	行った犯罪の性質の善し悪し。
反省 ・remorse ・remorsefulness	

用語と訳語	解説
反対尋問 ・cross examination	
犯人像 ・profiling of an offender	
判例 ・judicial precedent	日本よりもコモン・ローの国々の方が、判例を引用する頻度が高い。
被害者 ・victim	
被害届 ・report of victimization	incident report という表現があるが、これは単に「事件報告」の意味になる。
被害弁償金 ・monetary compensation for damages	
被疑事実 ・alleged facts	
被疑者 ・suspect	
被告事件 ・case of accusation	
被告人 ・accused ・defendant	defendant は、刑事と民事の両方に使える。
否認 ・denial	

用語と訳語	解説
不起訴処分 ・disposition of non-indictment	不起訴処分のうちの 1 つである「起訴猶予」は stay of prosecution。
不正電磁的記録カード所持 ・possession of payment cards with unauthorized electromagnetic records	
物的証拠 ・material evidence	
文化包丁 ・kitchen knife of general purpose	
併合罪 ・accumulative crimes	同一人が犯した数個の犯罪で、まだ確定裁判を経ていないもの。
弁護人 ・defense counsel	
弁護人選任権 ・right to counsel	
変造 ・alteration	
弁論 ・defense counsel's closing/final argument	日本の場合、検察官は「論告」、弁護人は「弁論」。これらは、裁判の最後に行われる。

用語と訳語	解説
暴行 ・assault and battery ・use of violence	日本の「暴行」は有形力行使を伴う。直接触らなくても、石を投げたりしたら暴行になる。battery は身体等への接触がある場合をいうが、「暴行」には傷害を伴わない身体接触があるケースも多いので、これを assault と組合せると、ほぼ「暴行」という意味になる。
幇助の ・accessory	アメリカでは aid and abet（現場幇助）という言い方も使われるが、日本の法律用語の「幇助」に近い英語は accessory である。 参考 「殺しのマニュアル」という本に従って殺人が行われて、それを出版した出版社が訴えられたという内容の映画*で、「殺人を本が幇助した」という際にこの表現 aid and abet が使われていた。 ＊（邦題「計画殺人　修正条項第 1 条」 Deliberate Intent–2000 年）
傍聴人 ・gallery ・spectators	
冒頭陳述 ・opening statement	
暴力団（組織） ・gang ・organized crime group ・criminal organization	
法令の適用 ・application of laws and ordinances	

用語と訳語	解説
撲殺する ・to club/beat/strike someone to death	どのように殴るのかによって動詞が異なる。(「殴打する」の項目参照) **参考** 「鈍器」blunt instrument
保護観察 ・probation	
保護責任者遺棄 ・abandonment by a person responsible for protection	
没収 ・confiscation	
末端の役割 ・role of rank and file	
麻薬 ・narcotics	
身柄拘束 ・keeping someone in custody	
未決勾留日数 ・the number of days held under detention pending trial	例)「未決勾留日数のうち○○日を右刑に算入する」(判決の時に言う。) 「〜のうち」は、of を前置し、 Of the number of days held under detention, ○○ days shall be deducted. と言えばよい。
未必の故意 ・intent to act out toward reasonably foreseeable possible consequential harm willingly accepting	日本の刑法で、過失か故意かを問題とする時、「認識ある過失」と「確定的故意」の中間に位置し、日本では「故意」として扱うが、アメリカにはない概念なので、ここまで説明しないと理解されない。「そのようなことが起こってもいい」という認容がないと、訳としては完成しない。

用語と訳語	解説
the possibility	
無期 ・for life ・unlimited term	厳密には「無期懲役」は「終身刑」とは違うので unlimited term という表現のほうが正確だが、一般的には for life が使われることがある。
無罪 ・not guilty ・acquittal ・innocence	acquittal は「無罪放免」という意味。 innocence は、再審などで最終的に無罪になったような場合に「無実」というような意味合いで使う。
黙秘権 ・right to remain silent	
扼殺 ・manual strangulation	
柳刃包丁 ・long kitchen knife designed to cut fish	
誘拐 ・abduction ・kidnapping	「誘拐」とは、騙して連れて行くこと。
有期 ・limited term	
誘導尋問 ・leading question	
余罪 ・another offense under investigation	この場合、まだ起訴されていないので charge は使わない。

用語と訳語	解説
予断 ・prejudice	
読み聞け ・reading of the recorded statement of the suspect for confirmation	検察官や司法警察員が取り調べで聴取して作成した調書を被疑者に聞かせ、確認すること。
利益誘導 ・leading with beneficial offer ・leading a testifier with suggestion of favor or dispensation	取調官が望む供述を被疑者から引き出すために、引き換え条件や有利な条件をちらつかせながら誘導する場合、特に利益や法の適用免除などの交換条件をほのめかすような場合を指す。 leading with beneficial offer は、一般的な表現。dispensation には「法の適用免除」という意味があり、刑事事件でこの言葉が使われる場合には、このような潜在的意味も含めるとわかりやすい。 　**類似の表現** influence peddling pork-barrel effect dispensation of favors これらは、政治などで「利益誘導型政治」というような場合に使う。
立証する ・to prove	
略取 ・kidnapping/ abduction by force	「略取」は by force が付く。「拉致」も同様だが、「拉致」は法律用語ではなく一般用語であり、法律用語の「略取」と同じ概念を持つ。
量刑 ・sentence	
量刑不当 ・inappropriateness	

用語と訳語	解説
of sentencing	
凌辱 ・humiliation ・rape	「人を辱める」という一般的意味であれば humiliation だが、「女性を暴力で犯す」というような意味なら rape が適切。
領置 ・retention	被告人・被疑者などが遺留した物、または所有者・所持者・管理者が任意に提出した物を、裁判所や捜査機関が取得し、管理下におくこと。
臨場する ・to be present at the scene	
累犯 ・repeated convictions	刑務所に入ったことがあるにもかかわらず、出所後さらに罪を犯した者は、初めて罪を犯すものより反社会的な危険性があり、強い非難に値するため、量刑上厳しく考慮される必要がある。そこで、刑法 56 条に再犯加重をする場合の要件が定められている。ここでいう「再犯」は「累犯」に含まれる。
冷徹で非情 ・cruel and brutal	
劣情 ・carnal desire	性的な欲望や感情を卑しんで言う表現。 carnal は「肉体の」や「肉欲の」という意味。
論告 ・prosecutor's final argument	

おわりに

　本書では、要通訳刑事手続きの各段階における通訳の訳語および訳出表現について、起点言語が日本語である状況を中心に解説した。通訳実験および通訳実務家や法律実務家とのコラボによる研究の成果を紹介するとともに、適切な訳出表現の例も提供した。司法の現場での通訳にとって原文への忠実性は最も重要な要素であり、通訳人の倫理規定にも必ず「正確性」の項目が存在する。プロの通訳人は起点言語での発話が伝えようとするメッセージに対して何も足さず、引かず、変えず、忠実に目標言語に通訳しなければならない。ここで重要なのは、表面的に言語を置き換えるのではなく、原発話で使用された言葉や表現の意味とニュアンス、その意図、目指す効果を十分理解した上で、その等価表現を目標言語で探すことである（水野・渡辺 2015）。

　また、適正な通訳を保証するためには、法律家はまず、通訳とはどのような作業なのかを知る必要がある。全く異なる構造や文化背景を持つ言語間での通訳がいかに難しいかを認識し、少しでも正確な通訳を実現するためには原発言における言語使用のあり方も工夫し検討されるべきである。

　効果的な通訳のためには、司法の現場での言語使用に関する法律家側の事情、そして通訳人の直面する通訳上の困難性について、互いに情報を共有する体制を構築することが重要である。

　国際標準化機構（ISO）では、現在、コミュニティ通訳の規格を皮切りに、様々な通訳翻訳に関する規格を作成している。司法の場での通訳に関しても Interpreting services － Legal interpreting － Requirements が 2019 年に発行された。この中で、法律家は、手続きの遅延、誤訳や通訳エラーを防ぐために、資格・能力のある司法通訳人の使用を保証しなければならないとされている。また、少数言語の場合など、資格のある通訳人が見つからない時には、当該 2 言語の知識がある通訳人を起用してもよいが、その場合はあくまで他の選択肢がない特殊な状況であるとされている。つまり、ISO の規格に合わない通訳人は「例外的」な場合にのみ認められると

いうことである。ISO の加盟国である日本も、司法通訳について、もっと厳正にクオリティ・コントロールをする必要に迫られている。法律家のさらなる意識向上と積極的な関与が望まれる。

　本研究では法律家と通訳人とのコラボが非常に重要な要素となったが、本書の内容が、通訳人の抱える問題に対する法律家のさらなる理解につながり、通訳人にとっても、正確な訳出のための参考資料になれば幸いである。

本書の内容のもととなった科研費プロジェクト

科研費基盤研究（C）「要通訳裁判員裁判における重要法廷用語・表現の日本語 – 英語間等価訳出表現の研究」（研究課題番号：21520454）
2009 年度〜 2011 年度
研究代表者　水野真木子（金城学院大学）
研究分担者　中村　幸子（愛知学院大学）

科研費基盤研究（C）「法廷での法律家の言語使用と通訳由来の言語的変容およびその影響についての研究」（研究課題番号：26370514）
2014 年度〜 2016 年度
研究代表者　水野真木子（金城学院大学）

挑戦的研究（萌芽）「日本語弱者の司法面接法の検討：外国語通訳を介した子どもの証言の心理・通訳学的分析」（研究課題番号：20K20707）
2020 年度〜 2022 年度（2024 年度まで延長）
代表者：赤嶺亜紀（名古屋学芸大学）
分担者：仲真紀子（理化学研究所）
　　　　上宮愛（金沢大学）
　　　　水野真木子（金城学院大学）
研究協力者：Ashurova Umidahon（金城学院大学）
　　　　　　佐藤道（金城学院大学）

研究協力者および訳語監修者

第 1 部

研究協力者
弁護士
寺田有美子（大阪弁護士会所属弁護士）
栗林亜紀子（大阪弁護士会所属弁護士）
東向有紀　（大阪弁護士会所属弁護士）
加藤智子　（大阪弁護士会所属弁護士）

弁護士事務所
大阪パブリック法律事務所
しんゆう法律事務所（調査時は秋田・川﨑・植田法律事務所）
後藤貞人法律事務所

司法通訳者
馬　小菲　（同志社大学嘱託講師・中国語通訳者）
仲田紀子　（英語通訳者）
吉田理加　（愛知県立大学外国語学部准教授・スペイン語通訳者）

第 2 部

第 1 章　一般用語編
訳語監修
　　右田 Andrew MEEHAN（アンドリュー・ミーハン）
　　　　株式会社ミーハングループ代表
　　　　AIIC Legal Interpreting Committee 委員

第 2 章　法律用語編
訳語監修
　　関沢紘一

元米海軍西太平洋統合法務局　国際法首席顧問
元米海軍横須賀基地司令部　法務部法律顧問

用語集共同編集
　中村幸子
　　元愛知学院大学文学部グローバル英語学科教授
　　元法と言語学会理事

参考文献

アルドリッジ M・ウッド J 著、仲真紀子編訳、齋藤憲一郎・脇中洋訳（2012）『子どもの面接法　司法手続きにおける子どものケア・ガイド』北大路書房

伊豆原英子（2003）「終助詞『よ』『よね』『ね』再考」『愛知学院大学教養部紀要』第 51 巻第 2 号、1-15.

英国内務省・英国保健省編、仲真紀子・田中周子訳（2007）『子どもの司法面接　ビデオ録画面接のためのガイドライン』誠信書房

金水敏（1993）「言語学の最新情報―日本語学；終助詞ヨ・ネ」『月刊言語』Vol.22. No.4. 118-121.

最高裁判所事務総局編（1990）『法廷通訳ハンドブック　英語』法曹会

氏木孝仁編著、氏木道人・中林眞佐男・持留浩二・ショーンホワイト（2016）『改訂新版　翻訳入門―英日編―』大阪教育図書

司法面接支援室　司法面接研究所　NICHD ガイドライン〔2007 年版〕日本語版

ダイヤモンドルール研究会ワーキンググループ編（2009）『実践！刑事証人尋問技術　事例から学ぶ尋問のダイヤモンドルール』現代人文社

橋内武・堀田秀吾編著（2012）『法と言語　法言語学へのいざない』くろしお出版

堀田秀吾（2009）『裁判とことばのチカラ』ひつじ書房

仲真紀子（2001）「子どもの面接―法廷における『法律家言葉』の分析」、『法と心理』第 1 巻第 1 号、80-92.

仲真紀子（2010a）NICHD プロトコールにもとづく司法面接の最小限の手続き

仲真紀子（2010b）北大司法面接ガイドライン

仲真紀子（2016）『子どもへの司法面接―考え方・進め方とトレーニング』有斐閣

中村明（2007）『日本語の文体　レトリック辞典』東京堂出版

中村幸子（2008）「スラング交じりの証人質問模擬法廷における通訳の影響～ポライトネス論から見た社会語用論的談話分析～」『通訳翻訳研究』8 号、97-111.

中村幸子（2012）「法廷実験統計学分析」『愛知学院大学文学部紀要』42 号、89-98.

中村幸子・水野真木子（2009）「第 2 回模擬法廷の言語分析：法廷における語彙選択に関する言語学的問題と法的意味」『通訳翻訳研究』第 9 号、33-54.

中村幸子・水野真木子（2010）「法廷実験：模擬裁判員の心証形成に及ぼす通訳の影響『裁判員裁判における言語使用に関する統計を用いた研究』統計数理研

究所共同研究リポート 237, 53-66.

日本弁護士連合編（2013）『法廷弁護技術』第 2 版 日本評論社

ボーグ W・ブロドリック R・フラゴー R・ケリー D.M・アービン D.L・バトラー J、藤川洋子・小澤真次監訳（2007）『子どもの面接ガイドブック【虐待を聞く技術】』日本評論社

前坊香菜子（2012）「コーパスにおける『たぶん』『おそらく』の使用傾向の分析」『一橋日本語教育研究』1 号、49-60.

水野真木子（2015）「反対尋問で法律家が多用する終助詞『～ね』の英語通訳について」『法と言語』No.2, 85-105.

水野真木子（2016）「法廷での尋問の際に使用される二重否定疑問文と通訳の問題」『金城学院大学論集』社会科学編 Vol.12, No.2, 1-6.

水野真木子（2023）「通訳を介した子どもの司法面接の問題―子どもの話し方、特殊な語彙の訳出について―」『金城学院大学論集』社会科学編 Vol.19, No.2, 31-44.

水野真木子・寺田有美子・馬小菲（2016）「尋問で法律家が用いる言語表現と法廷通訳の問題―回りくどい言い回しと多義的な問いを中心に―」『法と言語』第 3 号、61-80.

水野真木子・渡辺修（2015）『法廷通訳人の倫理』松柏社

メルボルン事件弁護団（2012）『メルボルン事件個人通報の記録』現代人文社

山室惠編著（2006）『改訂版　刑事尋問技術』ぎょうせい

リドリー A.M,・ギャバート F・ラルーイ D.J. 編、渡邉和美監訳、和智妙子・久原恵理子訳（2019）『取り調べにおける被誘導性　心理学的研究と司法への示唆』北大路書房

渡辺修・長尾ひろみ・水野真木子（2004）『司法通訳　Q&A で学ぶ通訳現場』松柏社

渡辺修・水野真木子・中村幸子（2010）『実践　司法通訳　シナリオで学ぶ法廷通訳』現代人文社

Berk-Seligson, S. (1990). *Bilingual Courtroom.* Chicago University Press

Berk-Seligson, S. (1999). The impact of court interpreting on the coerciveness of leading questions. *Forensic Linguistics,* 6(1), 30-56.

Eades, D. (2010). *Sociolinguistics and the Legal Process.* mm textbooks. Multilingual Matters Ltd;

Gaiba, F. (1998). *The Origins of Simultaneous Interpretation: The Nuremberg Trial.*

University of Ottawa Press

Hale, S.（2004）. *The Discourse of Court Interpreting.* Benjamins

Hale, S.（2010）. Court interpreting － The need to raise the bar: Court interpreters as specialized experts. *The Routledge Handbook of Forensic Linguistics*, 440-454.

Lee, J.（2011）. Translatability of speech style in court interpreting. *The International Journal of Speech, Language and the Law,* 18(1), 1-33.

Mizuno, M., Nakamura, S., and Kawahara, K.（2013）. Observations on how the lexical choices of court interpreters influence the impression formation of lay judges. *Kinjo Gakuin Daigaku Ronshu. Studies in Social Science*, 9(2), 1-11.

Nakamura, S., and Mizuno, M.（2013）. A study of lexical choices and its impact on decision-making in the interpreter-mediated court sessions. *Forum*, 11(1), 135-157.

Poole, D.（2016）. *Interviewing Children: The Science of Conversation in Forensic Contexts.* Washington DC, USA.

The National Institute of Child Health and Human Development (NICHD) Protocol: Interview Guide

Walker, A.（2013）. *Handbook on Questioning Children: A Linguistic Perspective.* Washington DC, USA.

辞書

『英米法辞典』（2008）田中英夫編　東京大学出版会

『広辞苑　第6版』（2008）新村出編　岩波書店

『ジーニアス英和大辞典』（2001）　小西友七・南出康代編　大修館書店

『新和英大辞典　第5版』（2003）渡邉敏郎・Edmund R. Skrzypcrak・Paul Snoden 編　研究社

『プログレッシブ和英中辞典（第3版）』（2001）近藤いね子・高野フミ　小学館

『法律英語用語辞典』（2009）尾崎哲夫　自由国民社

『ランダムハウス英語大辞典（第2版）』（1994）小学館ランダムハウス英和大辞典 第2版編集委員会　小学館　1994

『リーダーズ英和辞典（第2版）』（2007）松田徳一郎編　研究社

"Collins COBUILD Advanced Dictionary of English"（2009）HarperCollins

"Oxford Dictionary of ENGLISH" Second edition（2005）Oxford University Press

Weblio 英和和英辞典　http://ejje.weblio.jp/

英辞郎 on the Web　http://www.alc.co.jp/

最新心理学辞典　https：//kotobank.jp/word/ 司法面接−883307

ウェブサイト

ECC フォリラン　https://foreignlang.ecc.co.jp/learn/l00077d/
基本の教科書−例文で覚える英語の使い方
　https://learnenglish111.com/a-few-some-several
日本弁護士連合会
　https://www.nichibenren.or.jp/activity/criminal/reforming/sekken.html
日本法令外国語データベース
　http://www.japaneselawtranslation.go.jp/
PROGRIT　MEDIA https://progrit-media.jp/370
Bebeblanchecoco
　https://bebeblanchecoco.com/a-couple-of-a-few-some-several
私の英会話
　https://www.b-cafe.net/newsletter/2010/07/002383.php

著者

水野真木子（みずの まきこ）

京都府立大学文学部卒業。立命館大学国際関係研究科修士課程修了。法と言語学会会長。日本通訳翻訳学会評議員。会議通訳、法廷通訳の仕事を経て、現在、金城学院大学文学部英語英米文化学科教授として、主にコミュニティ通訳、司法通訳の研究、および通訳翻訳教育に携わる。また、検察庁での通訳人研修、各地の地方自治体によるコミュニティ通訳者研修、手話通訳士現任研修など、さまざまな場面で講師を務める。『コミュニティ通訳』（共著、みすず書房）『法廷通訳人の倫理』（共著、松柏社）『コミュニティー通訳入門』（単著、大阪教育図書）『聴覚障害者と裁判員裁判』（共著、松柏社）橋内武・堀田秀吾共編著『法と言語』（共著、くろしお出版）佐藤＝ロスベアグ・ナナ編『トランスレーション・スタディーズ』（共著、みすず書房）ほか著書や論文多数。

刑事手続きと通訳
—その日本語、通訳を介して伝わりますか？—

初版第1刷―――― 2024年 3月25日

著　者―――――水野 真木子

発行人―――――岡野秀夫
発行所―――――株式会社くろしお出版

〒102-0084　東京都千代田区二番町4-3
［電話］03-6261-2867　［WEB］www.9640.jp

印刷・製本　藤原印刷　装　丁　仁井谷伴子

©MIZUNO Makiko, 2024

Printed in Japan
ISBN 978-4-87424-967-3 C2032